チャイナ・イノベーションは死なない

李智慧 Li Zhihui

日経BP

チャイナ・イノベーションは死なない

目次

序章　米中「ハイテク戦争」の最前線　11
「Mate 60 Pro」発売と孟晩舟事件　11
米国の制裁を乗り越えたファーウェイ　13
TikTok使用禁止法案が米下院で可決　15
ChatGPTの利用を規制した中国政府　17
社会実装能力とマネタイズ能力で追う中国テック企業　19
データで攻勢に出る中国の戦略　21
二分される世界、加速するイノベーション、日本の選択　23

第1部 イノベーションの主戦場 27

第1章 現地で見たファーウェイ（華為技術）復活 29

最新鋭機種「Mate60 Pro」と新型EV「問界M7」 31
新興EVメーカーと共同開発した「新型問界M7」がヒット 34
自動車の「頭脳」を作る 37
アンドロイド、iOSに次ぐ第三極をめざす「ハーモニー」 42
最悪の事態に備えた長期戦略 44
「ノアの方舟」として用意された「2012実験室」 46
1社で世界のテック大手に挑む 50
徹底した企業理念の浸透 52
社員食堂に貼られた1枚のポスター 53

第2章　世界展開を急ぐバイトダンス（字節跳動）　55
人気があるから標的に　55
Musical.ly買収が転機　57
世界初の完全モバイルＡＩカンパニー　59
コラム――主要国のTikTok規制の概要　61
再び標的となったTikTok　65
諸刃の剣？　TikTok包囲網　66
第2ステージへ　70

第3章　急成長するチャイナ生成ＡＩ　73
ＡＩ世界大会に400社　73
熱狂の「百モデル戦争」　75
急成長の要因　77
中国生成ＡＩの三つのタイプ　81
ＡＩ開発における中国の競争力　85
ＡＩサービスの産業への実装　92

ファーウェイの「盤古」基盤モデル：「AI for Industries」 94
百度、アリババ、テンセントのＭａａＳ型ワンストップサービス 98
標準化と生成ＡＩサービス管理暫定弁法 104
米中の狭間で 109

第２部 ハイテク分野の「鉄のカーテン」とチャイナ・イノベーション

第４章 技術包囲網の突破に挑む中国 111

屈服したＺＴＥ、反撃するファーウェイ 113
35のボトルネック技術とＣＨＩＰ４による中国包囲網 115

「石器時代にまで戻す」 121
米系資本の撤退 123
デジタル技術分野の米中比較 124
技術封鎖の突破に挑む 134
ボトルネック技術の約6割が解消 137
もはや抑え込めない 143

第5章 米中が激突する大技術競争時代 146

アリソン報告 146
衛星測位システム・北斗 147
コラム―屈辱の銀河号事件から生まれた技術 148
GPSを上回る北斗の先進性 150
太陽光発電で世界をリード 153
高付加価値ハイエンド製品へのシフト 158

第6章 分断されるテクノロジー勢力圏 165
デジタルサービスの分断 166
蜜月だった米中投資関係の終焉 175

第3部 デジタル・チャイナの現在地 179

第7章 デジタル技術を使った社会管理の光と影 181
ゼロコロナ政策からの転換 182
オミクロン株に敗れたゼロコロナ政策 183
健康コード 184
場所コードと行程カード 186

活動人口4000万人・上海市のコロナ攻防戦 187
広州から始まったゼロコロナ政策の転換 193
ビッグデータを使った国民行動コントロールの功罪 196

第8章 デジタル化が牽引する経済成長 202

先端デジタル技術のショールームだった杭州アジア大会 202
デジタル技術による産業変革が加速 210
国家戦略としての「デジタル中国」建設 214
GDPの名目成長率を上回る伸び 215
産業デジタル化が牽引役 218
デジタルインフラが要 219
デジタルインフラ建設はなぜ重要か 223

第9章 データ大国路線をひた走る中国 229

データ戦略の推移 231
データ・ガバナンスの強化 234

データ・ガバナンスと外資系企業　238
コラム―中国（上海）自由貿易試験区によるデータ越境規制の緩和措置　240
データ価値化を牽引する国家データ局　241
「インターネット＋〈プラス〉」から「データ要素×〈掛ける〉」へ　246
コラム―データの相乗効果を読み解く　249
企業データの連携基盤としての「星火BIF」　252
データの基本制度の整備　254
データ取引市場が相次いで開設　255

結論

中国テック企業の盛衰　259
新たな主役が登場　261
チャイナ・イノベーション「2・0」への転換　262
デジタル敗戦の日本　264
撤退する企業、関与を強める企業　267

序章
米中「ハイテク戦争」の最前線

「Mate60 Pro」発売と孟晩舟事件

2023年8月、米国のレモンド商務長官が訪中していたタイミングで、中国大手通信機器メーカーの華為技術（ファーウェイ）は、最新鋭機種のスマートフォン「Mate60 Pro」を発売した。

機能の先進性に加えて、ファーウェイが米国の制裁によって先端半導体を輸入できない中での発売だったことから、搭載されている回路線幅7ナノメートル（ナノは10億分の1）の高精細半導体をどう調達したのか、各国の政策当局やライバルメーカーから注目された。

いまに至るまで半導体の入手先を明らかにしていないファーウェイは同年9月25日、新製品発表会を開催した。スマートフォンの他、スマートウォッチ、スマート家電、自動運転機能を備えるスマートEV（電気自動車）など、多彩なラインアップを披露した。

9月25日は、ファーウェイにとって忘れることのできない特別な日だ。2年前のその日、カナダで拘束されていたファーウェイ副会長兼最高財務責任者（CFO、当時）の孟晩舟が中国政府のチャーター便で帰国した。

孟はファーウェイ創業者で最高経営責任者（CEO）任正非の娘であり、2018年12月1日、バンクーバーの空港で米国の要請を受けたカナダ当局によって逮捕され、拘束期間は1028日間に及んだ。

孟の拘束は米国の国内法の域外適用であり、中国外務省は強く反発して、カナダ、中国、米国の3カ国間の外交問題に発展した。2022年12月1日、米国政府が司法取引に基づいて訴追を取り下げ、4年越しの事件は終結した。

カナダを出国してファーウェイの本拠地・深圳市の空港に降り立った孟晩舟は、国民から米国と戦ったヒロインと見なされた。搭乗した中国政府チャーター機が中国の領空に入ると、中国国営テレビ傘下の各プラットフォームが生中継した。

5時間に及んだライブ放送の総視聴数は4億3000万回を超え、SNSなどでは「いいね！」の数が4億に達した。「米国に立ち向かった中国の勝利」といった多くのコメントが寄せられた。

米中のハイテク戦争を象徴する孟晩舟事件は、ファーウェイの最新鋭スマートフォン

「Mate60 Pro」の発売によって、新しい局面に入った。

米国の制裁を乗り越えたファーウェイ

米中対立を深刻化させた事件の背景には、第5世代移動通信システム（5G）分野でのファーウェイの圧倒的な強さを目にして、デジタル技術における自国の優位を脅かされることを恐れた米国の危機感がある。

2022年6月6日、中国の国家知的財産権局知的財産権発展研究センターが発表した報告書によると、世界の5Gにかかわる標準規格必須特許（Standard Essential Patents）は21万件以上あり、約4・7万件の特許ファミリーが含まれる。

そのうち、中国が申告した特許ファミリーは1・8万件以上に上り、世界全体の40％近いシェアを占めて世界第1位となっている。米国は1・6万件で第2位だ。5G標準必須特許出願者を見ると、ファーウェイが6583件の特許ファミリーを保有してシェア14％で世界首位に立っている。

2018年に成立した国防権限法によって米国はファーウェイ製品の調達禁止措置を打ち出し、2019年5月16日には商務省がファーウェイとその関連企業68社を同省産業安全保障局の「エンティティ・リスト」に加えた。これにより、米国に由来する技術やソフトウェアを25％以上使用した製品をリスト記載企業に輸出する場合、承認が必要となった。米国から第三国を経由した輸出（再輸出）も規制の対象になる。この承認申請は原則拒否であり、よほどのことがない限り認められない。つまり、事実上の禁輸措置だ。その後、米国によるファーウェイへの技術封鎖と制裁は一段と厳しくなっている。２０２０年5月15日、同省産業安全保障局は同社と関連企業１１４社への輸出管理を強化すると発表した。

この制裁は、商務省が輸出管理規則を変更したことによるものだ。米国の技術、ソフトウェアを使って作られた「外国製の直接製品」を外国企業がファーウェイに販売するときに、商務省の許可が必要となった。

それまでの制裁は、どちらかといえば、ファーウェイ製品を買わせない「バイ・サイド」が対象だったが、２０２０年の制裁は製品を作らせない、つまり「供給サイド」を対象としていた。

ファーウェイの半導体受託製造を主に担ってきた世界最大手の半導体受託製造、台湾積体電路製造（ＴＳＭＣ）はこの規制を受けて、ファーウェイ向けの供給を停止した。その結果、ファーウェイは高性能スマートフォンの製造が困難となり、世界シェアのトップを争っていた携帯電話事業がシェア5％未満に落ち込み、海外市場での存在感を失った。

同社が発表した２０２２年の決算情報によると、純利益は前年比69％減の３５６億元にとどまり、減益は２０１１年12月期以来、11年ぶりだった。前期に事業売却益を計上して最高益となった反動や研究開発費を積み増したことが主な原因と思われるが、米国の制裁による主力スマートフォン事業の低迷の影響も大きかった。

2023年12月に発表された2023年の売上高は、7000億元を超える見通しだ。3年で4度にわたる米国による制裁に耐えて、同社の経営は「基本的に正常な状態に戻っている」（輪番会長の胡厚崑）ようだ。

世界をアッと言わせた7ナノ半導体搭載の5G対応最新機種「Mate60 Pro」の人気によって端末事業が急速に回復している他、ICTインフラ事業、デジタル・エネルギー事業とクラウド事業も順調に成長し、スマートカー事業の競争力も大幅に向上しているようだ。

TikTok使用禁止法案が米下院で可決

グローバルモバイル市場データ分析会社センサータワーがまとめた2023年3月時点のレポートによると、米国のアプリショップでダウンロードされた人気アプリのトップ5のうち、1位から4位までを中国製アプリが占めた。

米中対立の中、決して良い経営環境とは言えない中で、世界展開する中国のデジタルサービスは、その優れた機能によって世界中で利用者を拡大している。とりわけ、コロナ

表 P-1　米国での人気アプリ（ダウンロード数）

1位	格安ネット通販アプリ「Temu（テム）」 電子商取引（EC）大手の拼多多（Pinduoduo）傘下
2位	動画共有アプリ「TikTok（ティックトック）」 字節跳動（バイトダンス）傘下
3位	動画編集アプリ「CapCut」 バイトダンス傘下
4位	ファッション通販「SHEIN（シーイン）」

（出所）センサータワーのレポート（2023年3月）

禍をきっかけに、ショート動画を気軽に投稿できるバイトダンス（字節跳動）傘下TikTokは米国の利用者が急増し、2024年時点で1・7億人を突破した。

ソーシャル・ネットワーキング・サービス（SNS）では、先行するフェイスブックやインスタグラムと競合するが、中国発のTikTokは短期間で利用者数を増やしている。そのTikTokをめぐっては、利用者データの安全確保を理由に米国の規制当局が一時期、国内での利用禁止、北米事業の米国企業への売却方針を打ち出した。

ところが、TikTokを手放したくない若者らの反発を受けて、バイデン政権は2021年6月、前政権によるTikTokの利用・提供を禁止する大統領令を撤回し、サービスは継続された。しかし、2024年11月の大統領選を控えて再び状況は一変し、同年3月、米連邦議会下院がTikTokを狙い撃つ「外国の敵対勢力が管理するアプリから米国人を保護する法律」を可決した。これをきっかけに、米国内での全面禁止の議論が再燃し、サービス継続の可否は不透明な状況となっている。

ＣｈａｔＧＰＴの利用を規制した中国政府

米オープンＡＩ社が開発したＣｈａｔ（チャット）ＧＰＴの出現は、全世界に大きな衝撃を与えた。２０２２年11月のサービス開始から2カ月足らずで月間アクティブユーザーが1億人を突破した。

世界中でＣｈａｔＧＰＴとの会話に夢中になったが、中国も例外ではなかった。微博（ウェイボー）や微信（ウィーチャット）などのＳＮＳにＣｈａｔＧＰＴと対話した内容をアップするユーザーが急増するなど、一時期、中国国内のＳＮＳはＣｈａｔＧＰＴの話題一色となった。

ＣｈａｔＧＰＴは中国語でも使えるとはいえ、オープンＡＩ社が中国国内向けに正式にサービスを提供していないため、国内のＩＰアドレス、携帯電話番号では登録できない。サービス開始当初、中国では仮想プライベートネットワーク（ＶＰＮ）などを使って接続したり、微信上で米国のサーバーに接続してＣｈａｔＧＰＴを体験できる仲介サービスを経由したりして、あの手この手を駆使してアクセスを試みた。

しかし、この状況も長くは続かなかった。中国政府が規制に動いた。2023年2月下旬、政府はChatGPTへのアクセスサービスを提供しないよう国内のプラットフォーム事業者に指示した。これにより、少なくとも数十種類の仲介サービスが利用停止された。オープンAI社も規制に乗り出した。中国と関連がありそうな有料アカウントを予告なく利用停止する措置を取った。背景には、中国側に研究される警戒感に加え、大量のアクセスによりシステムのリソースが圧迫される懸念があったとみられる。

ChatGPTは大規模言語モデル（LLM：Large Language Model）をベースとする生成AIの一種である。会話の自然さや性能の高さを含め、多くの点で従来の人工知能と比べて格段に高い能力を有している。

従来のAIはある程度のプログラミングスキルを必要とし、一部の人しかアクセスできなかった。それが、ChatGPTの登場によってプログラミングができない人でも、人と会話しているように、文章の生成・添削・校正・要約、翻訳、計算、作図、アイデアの提案、プログラミングといったサービスを受けられる時代が到来した。

マイクロソフトのビル・ゲイツは2023年3月21日付ブログ「AIの時代が始まった」という記事[*1]の中で、「AIは、携帯電話とインターネットと同じくらい革命的なものだ」と位置付けた。

社会実装能力とマネタイズ能力で追う中国テック企業

中国国内でChatGPTが利用できないことから、中国には同等の生成AIサービスを独自に開発する道しか残されていなかった。ただ、中国が開発した生成AIサービスの実力はまだChatGPTとは差があり、依然としてまだ追いつけていない。

2023年3月16日、百度会長の李彦宏がAIサービス「文心一言（ERNIE Bot）」[*2]を発表した。文心一言は、質問に文章で回答する他、文章による指示で動画や画像を作成する機能がある。

同年4月11日、アリババグループCEOの張勇（当時）は自社のAIモデル「通義千問（Tongyi Qianwen）」を発表した。その他、清華大学、バイトダンス、ファーウェイ、センスタイム（商湯科技）、出前アプリの美団の創業者によるベンチャー企業など、多くの企業がAI開発競争に相次いで参入した。

百度の李彦宏は2023年3月、ネットメディアの極客公園（Geekpark）のインタビューで、文心一言の実力はChatGPTと比べて2カ月ほど遅れていると説明し、簡単には追いつけないことを認めた[*3]。

「2カ月ほど前に社内レビューを行い、文心一言とChatGPTを比較したが、そのときはChatGPTに40ポイントほど差をつけられていた。1カ月後、ほぼ問題を解決したところで再度比較したところ、ＣｈａｔＧＰＴに追いついていないばかりか、その差が70ポイントに広がっていた」

理由は、ＣｈａｔＧＰＴのバージョンアップだった。文心一言が1カ月間に達成した性能向上は小さくはなかったが、ＣｈａｔＧＰＴにはバージョンアップによる能力の質的飛躍があった。

ＡＩの開発は長年の訓練と試行錯誤の上で成り立ち、自己学習能力を身に付けたＡＩが自ら進化し続ける。後発者は、リソースや資金を投入するだけでは追いつくことができない。ただ、中国ならではの強みもある。それは、モバイル・インターネット時代で培った様々な応用シーンと結合したマネタイズ能力だ。

百度、アリババ、テンセントなどのメガテック企業は、ＡＩを自社サービスに組み込む他、ＭａａＳ（Model as a Service）型サービスによって一般企業の革新的なＡＩサービス創出をサポートしている。

２０２３年10月時点で、テンセントは既に１８０以上の業務に自社の生成ＡＩモデルを活用している。とりわけ、強みとなっている広告業務で画像生成、アイデア生成などに活用している。

同社の小売、教育、金融、ヘルスケア、メディア、運輸、政府などの顧客は、テンセント・クラウドを通じて、コンテンツ作成、データ分析、プログラミングのアシスタントなどで生成ＡＩのサービスを受けられるだけでなく、自社データをテンセントの業界ＡＩ基盤モデルにインプットするだけで、自社専属のＡＩモデルを迅速に生成することが可能だ。[*4]

その他、生成ＡＩを活用して業界の課題解決に注力する企業が増えている。ファーウェイの盤古モデルは、鉱山や自動車業界で省力化、効率化、スマート化に寄与している。音声認識ＡＩ大手の科大訊飛（iFLYTEK、アイフライテック）は、教育、車載音声アシスタント、業務効率化に繋《つな》がるロボティック・プロセス・オートメーション（ＲＰＡ）、医療、スマートシティなどで自社ＡＩモデル「星火」を応用している。

百度の李彦宏は、「ＡＩ基盤モデルの性能そのものの競争だけにフォーカスするのは意味がない。いかに産業界に価値をもたらせるかが、ＡＩ発展のカギを握る」と語った。

中国のテック企業が、国内の膨大なデータと多様な応用シーンとの融合によって、独自のＡＩモデルを磨き上げることができるかどうかが、米国との開発競争のカギを握る。

データで攻勢に出る中国の戦略

周知の通り、ＡＩの技術力を左右する3要素は、アルゴリズム、コンピューティング能力、データである。ＣｈａｔＧＰＴのような２０００億個のパラメータを持つ大規模言語モデルの学習には、開発者による大量のデータを使った訓練が必要だ。中国は「21世紀の石油」とも呼ばれるデータを戦略的な資源と位置付け、すでに膨大なデータ資源を有する優位な立場をさらに強化しようとしている。

ＩＤＣが発表した「V1 Global Big Data Spending Guide 2023」によると、中国のビッグデータ市場に対するＩＴ投資額は、２０２２年に約１７０億ドル、２０２６年には2倍の３６４億９０００万ドルに拡大する見込みだ。

中国のビッグデータ市場は今後もシェアを伸ばし続け、２０２４年にはアジア太平洋地域（中国と日本を除く）の合計を上回り、２０２６年には世界全体の8％に近づくと予想される。

また、中国ＣＣＩＤコンサルティング社が発表する「中国データセキュリティ保護とガバナンスの市場調査レポート（２０２３年）」[*5]によると、中国のデータ量は２０１７年から２０２1年にかけて2・3ＺＢから6・6ＺＢに急増し、今後、さらに爆発的に増加し、２０２6年には世界第1位のデータ量を保有すると予想される。

２０２3年3月に国家データ局を設立し、データをデジタル経済発展の要とする国家戦略を推進している。具体的には、データ資源化、データ資産化、データ資本化を通じて、データ流通を促進することによって、その経済的・社会的価値の最大化を進めている。

全国的な不動産不況や地方政府の債務問題、さらには株価下落など中国が直面している課題は多く、中国経済の長期停滞、デフレ突入を予想する向きも多い。しかし、デジタル化に邁進《まいしん》する中国経済には将来に向けた明るい展望もある。

二分される世界、加速するイノベーション、日本の選択

米国の対中ハイテク制裁の影響で、中国のデジタル技術やデジタルサービスの利用に警戒感を持つ国がある一方、中国との関係を維持・深化する国も少なくない。世界はテクノロジーで二分されている。

一例を挙げよう。インターネットの接続性能評価サービス「Speedtest」を運営する米企業Ooklaが2023年12月に発表した「Speedtest Global Index」によると、携帯電話の通信速度（Mbps：1秒間に送受信可能なデータ量）でトップ3にランクされたのは、先進国を抑えていずれも中東諸国だった。

この意外な結果の背景には、ファーウェイによる安価で高性能な通信機器の導入がある。第1位となったアラブ首長国連邦の当局は、2019年10月7日付ロイター通信によると、その設備についてセキュリティ上の懸念を示す証拠は見当たらないとの見解を示した。

日本は世界55位、世界平均49・25Mbpsよりも遅く、47・33Mbpsにとどまっている。アラブ首長国連邦の通信速度は日本の6・4倍だ。二分された世界では、米中のどちら側につくかによって、得られるものが変わってくるという象徴的な出来事と言える。

表P-2　モバイル通信の国別平均速度ランキング（ダウンロード）
（単位：Mbps＝1秒間に送受信可能なデータ量）

順位	国	Mbps
1	アラブ首長国連邦	303.21
2	カタール	244.44
3	クウェート	183.83
4	**中国**	160.14
5	デンマーク	152.42
6	ノルウェー	146.20
7	韓国	140.48
8	アイスランド	138.53
9	オランダ	131.39
10	サウジアラビア	121.00
13	**米国**	111.01
55	**日本**	47.33

（出所）Ookla社のSpeedtest Global Index、2023年12月

クラウドやソフトウェアなどITサービスへの日本企業の支払いが膨らみ続けている。支払先は、アマゾンやグーグルなど米国企業が大半だ。2023年の日本の国際収支では、デジタル関連の赤字幅は5・5兆円に拡大した（日本経済新聞2024年2月9日付朝刊）。

海外のデジタル基盤の上でサービスを展開せざるを得ない「デジタル小作人化」を懸念する声もある。日本は、デジタル基盤を海外に依存する構造をどう改めていくのか。これから難しい選択を迫られそうだ。

米中それぞれが国家の運命を懸

けた長期にわたるハイテク戦争は、既にスタートしている。米国の圧力を受けた中国は今後、先端技術分野で多くの制約が予想されるが、政府主導で自主開発と国産化にさらに力を入れていくだろう。

米国は技術覇権確保のために制裁という〝武器〟で先攻したが、ファーウェイが半導体分野での技術封鎖を部分的に突破したことを契機に、中国は徐々に「守り」から「攻め」に転じている。

2024年3月、北京で開かれた第14期全国人民代表大会第2回全体会議の政府活動報告で、李強（リー・チャン）首相は産業政策について、新興産業と未来産業の積極的な育成やデジタル経済の革新的発展を強調した。

具体的には、新たな成長産業としてバイオものづくり、民間宇宙産業、低空経済などを挙げ、「人工知能＋（AIプラス）」行動を展開し、企業のイノベーション促進、雇用創出、国際競争での活躍を後押しする方針を示した。

低空経済とは耳慣れない言葉だが、1000メートル以下の低空域で人や物の輸送、その他の作業を行う飛行活動による産業を表している。既に中国ではドローンによる荷物の配送が商用化されているが、人を運ぶ「空飛ぶ車」（電動垂直離着陸機、eVTOL）の実用化も間近だ。2024年2月、5人乗りの空飛ぶ車による深圳市と珠海市間の100km以上の試験飛行が成功した。従来、フェリーで1時間、車で片道2時間半から3時間の移動が20分に短縮されるという。

中国では5G、AI、ドローン技術、電気自動車など様々な技術の発展と融合によって、新たな成長産業が生まれつつあるようだ。厳しい制裁を受けながらも、チャイナ・イノベーションはますます加速している（文中敬称略）。

＊1　『GatesNotes』「The Age of AI has begun　Artificial intelligence is as revolutionary as mobile phones and the Internet」https://www.gatesnotes.com/The-Age-of-AI-Has-Begun.
＊2　「ERNIE（文心）」とは、「Enhanced Representation Through Knowledge Integration」の中の文字を組み合わせた略語で、同社が2017年から進めている「All in AI」戦略の中核となるNLP（Natural Language Processing＝自然言語処理）の深層学習モデルである。
＊3　IT之家　https://www.ithome.com/0/682/368.htm.
＊4　テンセント「デジタル経済高品質発展報告」より引用。
＊5　データ量を示す単位。1ゼタバイトは10^{21}バイト（10の21乗倍）。1ゼタバイト（ZB）＝10億テラバイト（TB）＝1兆ギガバイト（GB）。

広東省深圳市のファーウェイ本社ビル（筆者撮影）

第 1 部

イノベーションの主戦場

第1部では、コロナ禍の3年間、対面での交流が断絶された中、日本には容易に伝わってこなかったチャイナ・イノベーションの実情を現地訪問などで明らかにする。

第1章 現地で見たファーウェイ（華為技術）復活

米国のファーウェイ（華為技術）に対する制裁の経緯は、前著『チャイナ・イノベーション2　中国のデジタル強国戦略』で詳述したので、本書では割愛する。その制裁は極限にまで及び、通信機器の米国や同盟国市場からの排除から始まって、スマートフォン生産に不可欠な先端半導体チップの禁輸、米国由来の技術・ソフトウェアが25％以上使用された製品（例えば、アンドロイドなどのソフト）の提供禁止、米国以外の半導体企業を巻き込んだ調達の完全な遮断など、徹底したものだった。

１９８７年のファーウェイ設立から２０１９年までの31年間で、創業者の任正非がインタビューに応じたのは10回にも満たない。しかし、米国の制裁を受けた後、欧米メディアなどの取材を何度も受けた。２０１９年５月24日、ブルームバーグテレビによるインタビューで、任は自社の置かれた厳しい状況をこう語っている。

「今後、2、3年はファーウェイにとって最も重要で困難な時期になる。3年後にもう一度取材に来て、ファーウェイが存在していなかったら、バラの花束を墓前に捧げてください」

半導体の調達が難しくなったこと、米国で政権が代わっても同社への姿勢の転換は見込めないとの判断から、同社は2020年11月、傘下の「栄耀（英語名：オナー）」ブランドで展開する低価格帯のスマートフォン事業を売却せざるを得なかった。

栄耀はコストパフォーマンスの高さで人気を集め、出荷台数が7000万台を超え、一時は中国のスマホ市場で10％を超えるシェアを獲得した。同社は、この選択と集中を経て、売却で得られた資金で優先事業の発展に充て、生き残りを図った。

米国からの制裁が強まる中、2022年8月、任は社員向けにメッセージが送った。「ファーウェイは生きるか死ぬかの瀬戸際に立っている。今後3年間、生き残ることが最優先の課題だ」と叱咤する危機感溢れる内容だった。

しかし、この「生きるか死ぬかの瀬戸際」に立っていたファーウェイは、死ぬことなく、2023年に入って、「Mate60 Pro」をはじめ多くの新製品を発表し、危機を脱したことを世間に印象付けた。

最新鋭機種「Mate60 Pro」と新型EV「問界M7」

2023年11月中旬、筆者は広東省深圳市坂田（バンティィエン）地区にあるファーウェイ本社を訪問した。

坂田キャンパスは、東京ディズニーランドの約4倍、200万平方メートルもの広大な敷地面積を誇る。本社ビルの他、R&Dセンターやロジスティック・センター、データセンター、最新製品を展示する旗艦店、本社で働く従業員の日常生活をサポートするホテルや寮、食堂、カフェ、病院まで備えている。

東西1・6キロ、南北2キロほどの広大な敷地を、11区域に分けている。寸土寸金と言われるほど地価の高い深圳市で、ここまで広大な敷地を持つ企業はかなり珍しい。

中央を縦断する大きな道路以外の道はすべてファーウェイが整備し、国内外の科学者の名前が付いている。古代の天文学者「張衡」路、近代国防の基礎を築いた科学者「稼先」路、ノーベル物理学賞のポーランド人科学者「キュリー夫人」路などだ。「科学に国境なし」というメッセージが込められているのだろう。

敷地内の移動には各エリアを巡回するミニバス・サービスがあり、社員ならだれでも簡単に予約できる。出会った社員たちはとても親切で、規律正しく働いている印象を受けた。

真っ先にファーウェイの旗艦店に向かった。8月から9月にかけて矢継ぎ早に発表した

ファーウェイ本社の構内、普及期を迎えた5G Advanced（5・5G）の看板（筆者撮影）

最新スマートフォン「Mate60」シリーズと自動運転車などを実体験するためだ。

旗艦店に入って、二つのことに驚いた。一つは、随所にデザインが施されたおしゃれな建物だったことだ。屋根は太陽光を自然に採り入れ、光の強弱によって照明が調節され、環境にも配慮していた。

もう一つは、スマートフォンやタブレットを展示している店内に自動車が展示されていたことだった。これは他では見られない光景だ。

ファーウェイが自動車メーカーと共同で開発した「問界（AITO）」に試乗してみた。このスマートEVには、同社が開発した自動運転支援システム「ADS2.0」の他、「自動運転車の目」となるレーザー光を用いた3次元センサーのLiDAR（Light Detection And

ファーウェイ旗艦店に展示された最新鋭機種「Mate60 Pro」（筆者撮影）

Ranging、ライダー）、ミリ波レーダー、カメラなど複数のセンサーが搭載され、これらの部品やシステムによって高精度地図なしの走行が可能になっているという。

車内には15・6型の大型ディスプレイを中央に配置し、タッチパネルで指先での操作が可能だ。運転席側には10・4型のデジタルメーターディスプレイが搭載され、自動運転の際、識別した周囲の車や人物が表示される。

さらに、フロントガラスを高精度なスクリーンにして、AR（拡張現実）技術によって様々な情報を投影できるようにしている。例えば、前方の自動車との車間距離や、これから進むべき方向などが投影される。

報道発表によれば、悪天候下での運転時には、大雨によって前方の状況が肉眼で見えにくくても、これらの情報を運転手の目線の先のフロントガラスに表示することで、衝突事故などのリスクを抑えることが可能になるという。

筆者が体験した試乗コースは、人と車両が行き交う公道だった。問界（ＡＩＴＯ）は急に飛び出してくる宅配電動バイクに注意しつつ、車線変更や信号待ち、障害物退避をこなし、ほぼ運転手の介入なしに旗艦店の周辺を1周することができた。問界（ＡＩＴＯ）が持つ先進性を十分実感できた試乗だった。

新興ＥＶメーカーと共同開発した「新型問界Ｍ７」がヒット

異業種から自動車業界に参入しようとする企業は、ファーウェイが初めてではない。アップルは、２０１４年から自動運転技術の開発に着手した。「Apple Car」（アップル・カー）のデザイン写真がネットで取り上げられ、その発想の斬新さが話題を呼んだ。

異業種からの新たな競争者の出現に、既存の自動車メーカーは強い危機感を持った。しかし、２０２４年2月27日、ブルームバーグ通信などの報道によると、アップルは「アップル・カー」の開発を断念する方針を固めたという。同社は約10年にわたりＥＶの開発に取り組み、これまで数十億ドルを投じてきたとされる。しかし、スマートフォンとは異なり、自動車には高い安全性が求められる。その壁の高さを世界最強のプラットフォーマーのアップルも超えられなかったのかもしれない。

一方、ファーウェイが車載部品事業に力を入れ始めたのは2012年。自動車関連の事業部を本格的に立ち上げたのは、米国から禁輸措置を発動された2019年のことだった。重慶の中堅商用車メーカーである小康工業集団傘下の新興EVメーカー、セレス・グループ（賽力斯集団）と共同開発を行い、2年後の2021年、SUVタイプのスマートEV「セレスSF5」の発売にこぎつけた。

ところが、当初は赤字の垂れ流しで、決して順風満帆ではなかった。販売が低迷し、セレスSF5の2021年（4月~11月）の販売台数はわずか7080台だった。通年のSUVセグメントの販売ランキングで147位に低迷した。

コロナ禍と米国による制裁の二重苦に直面した任正非は、「生き残り」を最大の目標に掲げ、赤字部門の自動車事業の縮小を指示した。「我が社は車両を生産せず、他社の生産を支援する方針だ」とも語っていた。

ファーウェイには自動車のノウハウの蓄積が乏しく、新規参入するには多額の投資だけでなく、コア技術におけるブレークスルーを必要とした。だが、米国による技術封鎖もあり、成功確率は極めて低かった。しかも、自動車メーカーは本業の顧客でもあり、本業への影響が懸念された。

しかし、同社端末事業部門CEOで、後に自動車事業部門のトップを兼務する余承東

旗艦店に展示されている「新型問界M7」、後ろのディスプレイに写っているのはMate60（筆者撮影）

（リチャード・ユー）は、簡単にはあきらめなかった。セレス社とともに、２０２１年12月にテコ入れを受けた新ブランド「問界（ＡＩＴＯ）」を立ち上げ、翌２０２２年に中型ＳＵＶ「問界Ｍ５」、中大型ＳＵＶ「問界Ｍ７」、２０２３年９月に同社が開発したスマート運転システムとハーモニー・コックピットを搭載する「新型問界Ｍ７」を次々と発表した。

新型問界Ｍ７は発売当初からその機能の先進性が人気を呼び、発売僅《わず》か１カ月半で６万台を超える受注を獲得した。注文が殺到していることを受け、２０２３年10月16日以前の購入者を対象に、予約後４週間から６週間経過しても納車されない場合、１日当たり２００元（約４０９０円）の補償金を支給するという対応策を発表し、消費者の心配を和らげようとした。

余承東は自らセレスの工場を訪れ、「6万台を超える新型問界M7の生産能力をさらに高めるため、私たちは現在、サプライチェーン全体にさらに10億元（約200億円）の追加投資を行い、2万人もの労働者を増員する。工場では新たな生産シフトを組んで、1日22時間稼働の生産体制を整備し、一刻も早くお客様に新車を届けるよう、全力を尽くす」と約束した。[*1]

自動車の「頭脳」を作る

ファーウェイはスマートフォン事業でネット人口の伸び悩みによる市場の飽和に直面していたが、新型問界M7のヒットによってスマートカー事業を新たな同社の柱とすることに成功した。スマートカーに必要なコネクテッド技術やセンサーなどを自動車メーカーに提供していくことで、「車を作る」より、「車体以外」で勝負していく考えのようだ。

同社を世界的自動車部品メーカーであるドイツのボッシュのような企業に譬《たと》える人もいるが、ある新車発表会で、余承東は「セレスのような弱小国産車メーカーは、技術力、ブランド力、販売力のいずれも他社より劣るため、我が社が生き残りを手助けする必要がある」と語ったことがあり、ファーウェイはメーカーに部品を提供するだけにとどまらず、デジタル時代の自動車の「魂」を提供する戦略を取っている、と筆者は見ている。

実際、上海モーターショーで、同社は「自動車の『車輪』を作らず、『頭脳』を作る」と宣言したことがある。そのため、同社によって「魂」（主導権）が奪われることを自動車メーカーが懸念する向きもあり、自動車メーカーとの連携は必ずしも順風満帆とは言えない。

同社は、自動車メーカーとの連携モデルを以下の三つと定義している。

一つ目は、部品供給モデルだ。自動車メーカーに標準化される部品やモジュールを提供する。二つ目は、ＨＩ（HUAWEI INSIDE）モデルで、ファーウェイはソリューションや製品を提供し、技術供与と顧客のためのカスタマイズ開発を行う。この協力モデルでは、同社はパートナーから開発費を請求せず、製品の売上に応じて自動車メーカーと利益をシェアする。[*2]

当初は、長安汽車、北京汽車、広州汽車の3社が参画していたが、２０２３年11月時点では、長安汽車1社のみとなっている。広州汽車が同社との提携を解消し、北京汽車は三つ目のモデルであるスマートセレクションモデルに移行した。

このスマートセレクションモデルは、同社とパートナーとの関係がより緊密となる。スマートＥＶの基本設計、コア部品の供給、制御ソフトウェアの提供など、同社は車の製造の全プロセスに深く関与し、共同開発の主導権を握る。

また、車の販売は、同社販売網を活用する。提携先は、当初はセレスグループだけだったが、後から国有中堅メーカーの奇瑞汽車や江淮汽車、国有大手の北京汽車集団傘下の北汽藍谷新能源科技なども加わった。

2022年末までに、同社は自動車メーカーにスマート・コックピット、スマート・ドライビング、スマート・エレクトリック、スマートクラウド基盤、ミリ波レーダー、カメラ、ゲートウェイなどの製品やソリューションを含む200万セット近くのコンポーネントを出荷し、自動車メーカーのスマート化を支援した。

自動車の「頭脳」を作るには、多額の研究開発費の持続的な支出が必要となる。同社は最高水準を追求するため、他社に負けない研究開発投資を行っている。2022年7月、第14回中国自動車青書フォーラムで、余は「われわれの自動車ビジネスユニット事業部は、研究開発に年間10億ドル以上を投資しており、直接かかわっている研究開発技術者は7000人超、間接的にかかわっている社員は1万人以上いる」と明らかにした。

因《ちな》みに、EV大手の米テスラは2023年第1四半期から第3四半期に研究開発に28・8億ドルを投資した。単純計算すると、年間38億ドルの投資となり、ファーウェイの約4倍だ。このような多額投資はファーウェイ1社の力では限界があるため、同社は自動車部門を切り出して、パートナーと資本面の提携に踏み切った。

2023年11月25日、同社は長安汽車と「投資協力に関する覚書」を結び、合弁企業の設立に合意した。長安汽車のプレスリリースによると、ファーウェイはインテリジェント自動車システムと部品ソリューションの研究開発、生産、販売、サービスを手がける会社を設立する。

長安汽車はこの会社に最大40%出資し、戦略的な提携を行う。ファーウェイは、これまで培ったスマートカー事業の中核技術と経営資源（研究開発者など）を新たな合弁会社に移管する。

ファーウェイは長安汽車以外のパートナーにも出資を打診し、共同でスマートカー・エコシステムを構築する計画を打ち出した。合弁企業は中国を拠点とし、将来はグローバル市場を視野に、スマートカー分野のリーディングカンパニーに成長できるよう共同で推進するビジョンを描く。

かつて、任正非が車両を作らないとの通達を出したとき、余承東はその記事のコメント欄にこう書き記した。

「時代は変わった。我々は（これから）さらに苦境に立たされることとなる！　数年もすれば、誰もが理解するだろう！　時が解決してくれるさ！」

この言葉通り、米国の技術封鎖にもかかわらず、ファーウェイは異なる業界に参入してスマートカー事業を創出し、コア技術で独自のブレークスルーを生み出し、その優れた戦略的ビジョンと技術力を再び世に示した。

図表1-1　ファーウェイと自動車メーカーの連携方式

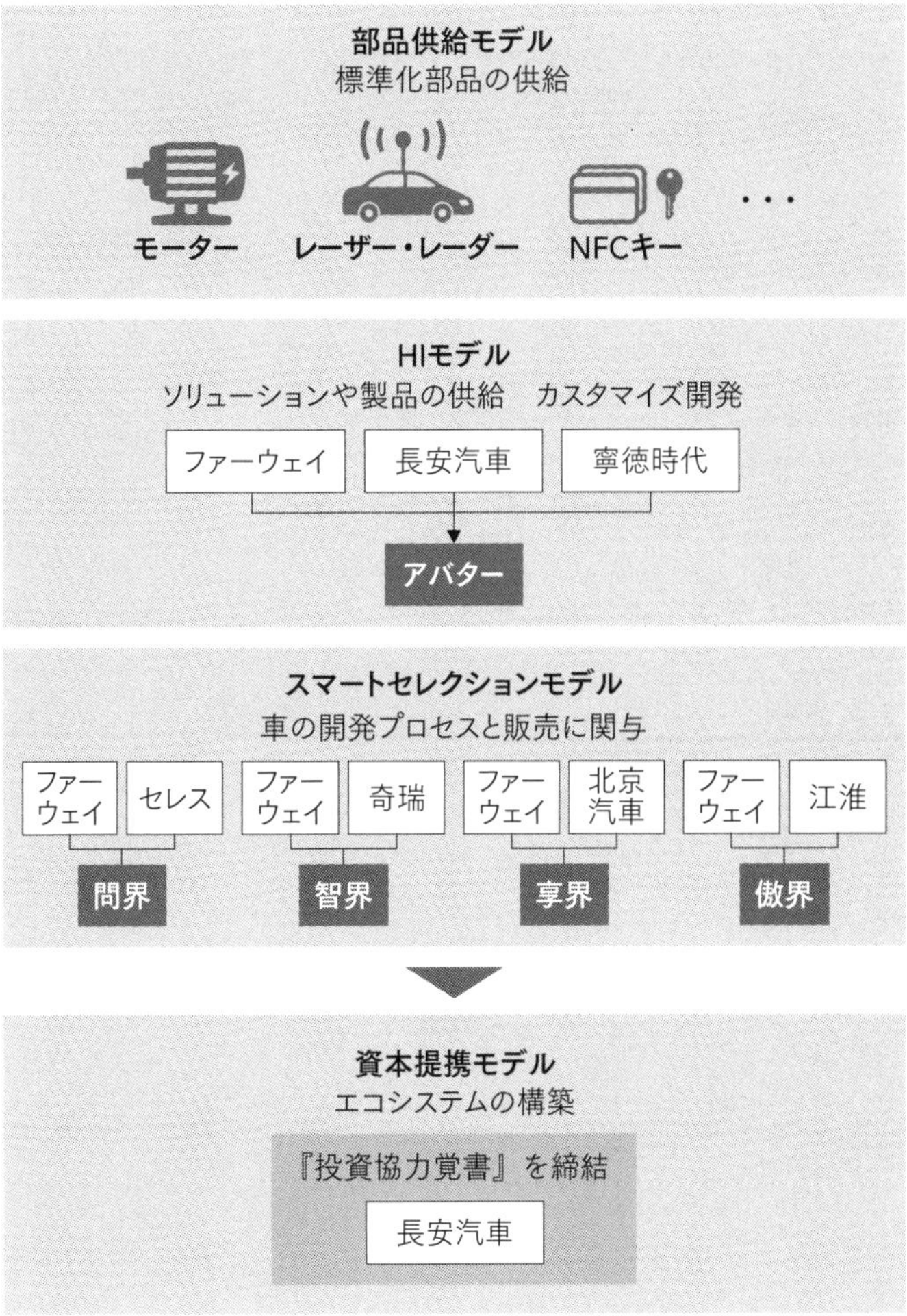

（出所）2023年12月1日時点の各種公開資料からNRI作成

アンドロイド、ｉＯＳに次ぐ第三極をめざす「ハーモニー」

試乗では、自動運転技術の他、ファーウェイが独自に開発したＩｏＴ向けの基本ソフト（ＯＳ）「鴻蒙」（Harmony、以下「ハーモニー」）が搭載された運転席のコックピットも強く印象に残った。

ハーモニーはＩｏＴ技術を活用して、様々な製品と繋げることができる。制裁の影響で同社端末にグーグルのアンドロイドが使えなくなることから、同社はハーモニーの開発を急ぎ、アップルやグーグルに次ぐ第三のエコシステムの形成に舵《かじ》を切った。

問界（ＡＩＴＯ）を試乗する際、案内役のスタッフがカーナビにスマートフォンをタッチするだけで、スマートフォンの地図アプリで調べた経路や音楽アプリの曲データを一瞬で車のカーナビに連携できた。

また、画面の共有もできるうえ、カーナビの大画面でリモート会議を実施できるなどのユーザーの新たなニーズに対応している。今後、自動運転技術が成熟するにつれ、自動車はもはや単なる人の移動手段だけではなく、利用者を中心とした移動空間、つまりスマートオフィスやスマートライフへの入り口になり得ることが実感できた。

そうなると、同社のパソコン、スマート家電、スマートカーやウェアラブル端末などのデバイス間でデータ共有が簡単にでき、アップルやグーグル同様、世界で第三のエコシステムを形成する可能性が生まれてくる。

2024年1月時点で、ハーモニーを搭載する設備は既に8億台を超え、航空宇宙、運輸、金融、教育、エネルギー、医療などの業界をカバーし、200社以上の中国企業がハーモニーをベースとしたアプリの開発に着手、2024年内には5000社に達する見込みだ。大手銀行の工商銀行、郵貯銀行をはじめ15以上の銀行、EC大手のJDドットコム、生活関連サービス大手の美団、アリペイ、ユニオンペイなど中国の主要なアプリも次々とハーモニーと連携した。

同社は中国教育部と組んで国内100の大学と協力し、ハーモニーの開発人材を育成し、国のお墨付きを得てエコシステムの拡大を図る見込みだ。とはいえ、スマートフォンOSの二大勢力であるiOSとアンドロイドが数千万人の開発者と10億人のユーザーを抱えていることに比べると、その実力は2強にまだ及ばない。

調査会社カウンターポイント社の2023年第1四半期のスマートフォンOSの市場調査レポートによると、中国国内ではアンドロイド72%、iOS約20%、ハーモニー約8%のシェアになっている。世界市場では、アンドロイド78%、iOS20%、ハーモニー約2%。ハーモニーにとって、グーグルのAPPストアであるGMS（Google Mobile Services）が使えないことが海外展開で一番のネックとなっている。

ファーウェイはまず国内市場や一帯一路加盟国市場に重点を置いて、ハーモニーをベースに独自のエコシステムの形成を図っていくだろう。

最悪の事態に備えた長期戦略

米政府がファーウェイへの事実上の輸出規制を決めた直後、世間に知られるようになったのが、傘下の半導体設計会社、海思半導体（ハイシリコン）だ。このハイシリコンは10年以上表舞台には出ることなく、将来予想された米国との厳しい競争を想定して万一の場合のバックアップとして研究開発を続けていた。

2万人の技術者と年間4億ドルもの研究開発費を投入して、試行錯誤の末に、ハイシリコンは徐々に品質を高め、遂に世界トップレベルの設計能力を手に入れた。米政府の規制により先端半導体を直接入手できなくなった際、ハイシリコンはつい表舞台に現れ、自ら設計したチップをTSMCに委託する形でファーウェイの急場を救った。

ただし、2020年9月以降、米国のさらなる制裁によって同社が先端半導体を設計しても生産を引き受けるファウンドリーが皆無になった。

それでも同社が解散することはなかった。ファーウェイは巨額な資金を投じて開発体制を維持し、水面下で捲土重来を期していた。「キリン9000s」の発表は、その努力が報われたことを示している。

株式上場している競合他社が年単位や数年単位で事業計画を策定しているのに対し、ファーウェイは自社の発展計画を10年単位で策定している。米国から半導体その他の技術を入手できなくなる最悪シナリオを想定し、莫大な投資をして影響を最小限にする準備をしてきた。そのことが、ハイシリコンがベールを脱いで表舞台に登場したことで明らかになった。

前著では、ファーウェイの成功要因について、組織、人材、研究開発への持続的な投入、一点集中突破など、いくつか挙げた。

米国の制裁を機に、同社は研究開発のさらなる強化戦略を取った。制裁が強化された2018年から2023年までの6年間で研究開発費は制裁前の2017年と比べてほぼ倍増し、2022年は1615億元を計上した。日本円に換算すると3兆円（1元＝20円で換算）を超える金額で、同社史上最多となった。

同社には、「毎年売上の10％以上を集中的に研究開発に投入する」との内部ルールがある。その比率は年々高まり、2022年には25％を超えた。直近10年間の研究開発の累計投資は、9773億元（約19・5兆円）に上る（図表1－2）。

研究開発費の規模は金額だけでは少しイメージしにくいが、前著では世界の主要通信機器メーカーの研究開発費と比較した。2019年時点で、同社の研究開発費はシスコの約3倍、シスコ、エリクソン、ノキアの3社合計も上回っている。

図表1-2　ファーウェイの研究開発費と研究開発費の売上比

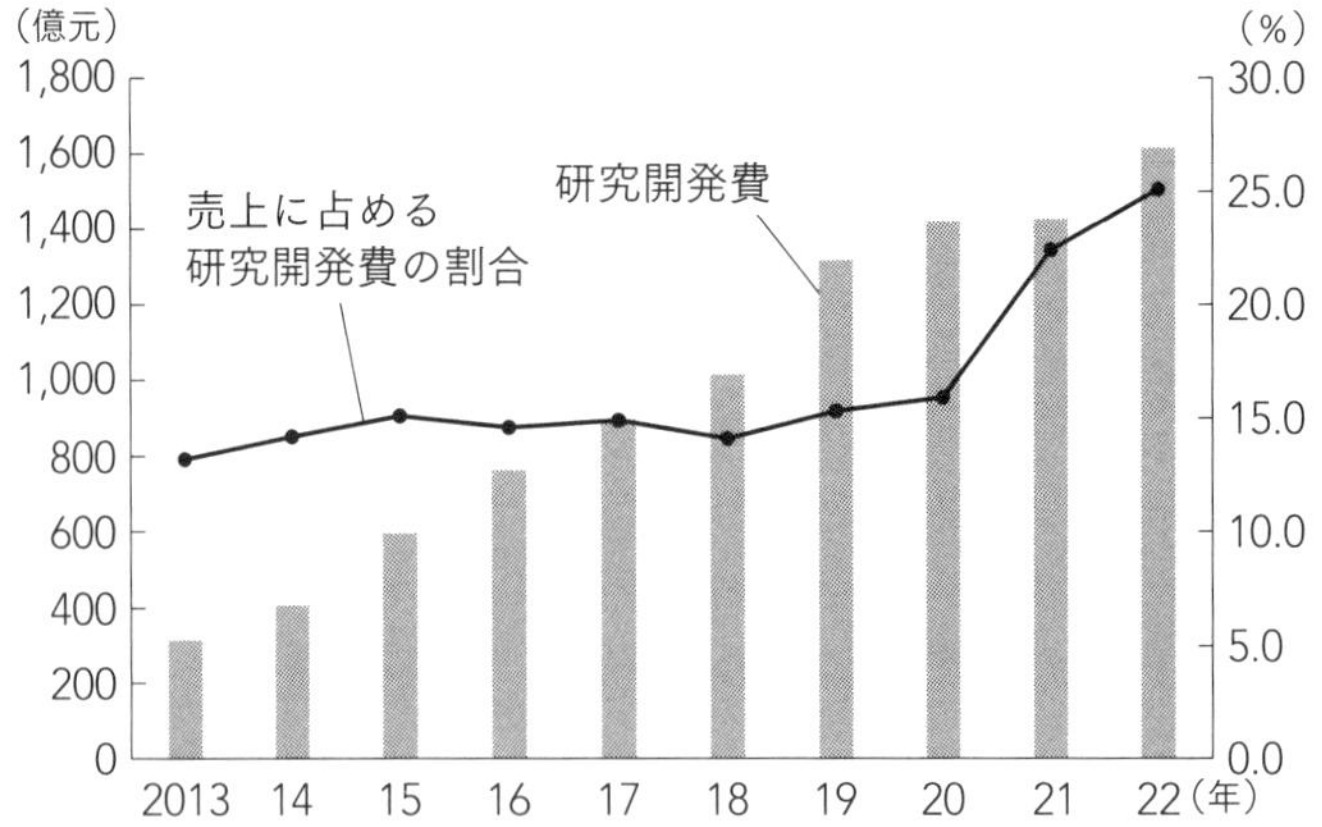

(出所) ファーウェイの有価証券報告書よりNRI作成

同社はスマートフォンやスマートカー事業にも進出しているため、これら業界の大手の状況を見てみると、アップルの2022年研究開発費は262億ドル（1ドル＝130円換算で、約3・4兆円）、売上高比率は7％。トヨタの2022年度研究開発費は1・2兆円で、売上高比率は8・8％。世界の大手企業と比べても、同社が研究開発費に遜色のない資金投入を行っていることがわかる。

「ノアの方舟」として用意された「2012実験室」

役員がスピーチの中でたまに言及しているが、ファーウェイにはメディアにあまり露出していない組織がある。「2012実験室」と呼ばれている組織だ。基礎理論と先端技術の研究および製品技術競争力の構築と新規事業のインキュベーションをミッションとしている。

研究対象は、次世代ネットワーク、人工知能、半導体、オペレーティングシステム、データベース、精密製造など幅広い。5G技術やハーモニーのコア部分、スマートフォンの耐衝撃能力を10倍向上させた崑崙ガラスは、この実験室で開発された。

ハイシリコンも当初、この実験室の一部門から発足した。また、2019年に突如発表されたハーモニーOSも、2012年からこの研究室で開発が始まっている。

2012実験室は、2011年に設立された。名前は、マヤ文明が予言した2012年に訪れる地球壊滅の日を描いた米国のSF映画「2012」に由来する。2012実験室の人材採用サイトなどの公開情報をベースに、その組織構造を図表1－3にまとめた。

4万人から5万人という研究者は、いつ使えるか分からない技術をひたすら研究し続けている。いざ危機が到来すると、「ノアの方舟」のような役割を果たし、同社を危機から救い出してくれるとの期待が込められている。

任正非のこうした理念を具現化するため、実験室に「ノアの方舟ラボ」が2012年に設立され、主に長期的でインパクトの大きいプロジェクトを推進する。十数年前から、AI、データマイニングおよび関連分野の革新を通じて、会社と社会の両方に大きく貢献することを使命に関連の研究を開始した。

図表1-3　「ノアの方舟」としての2012実験室

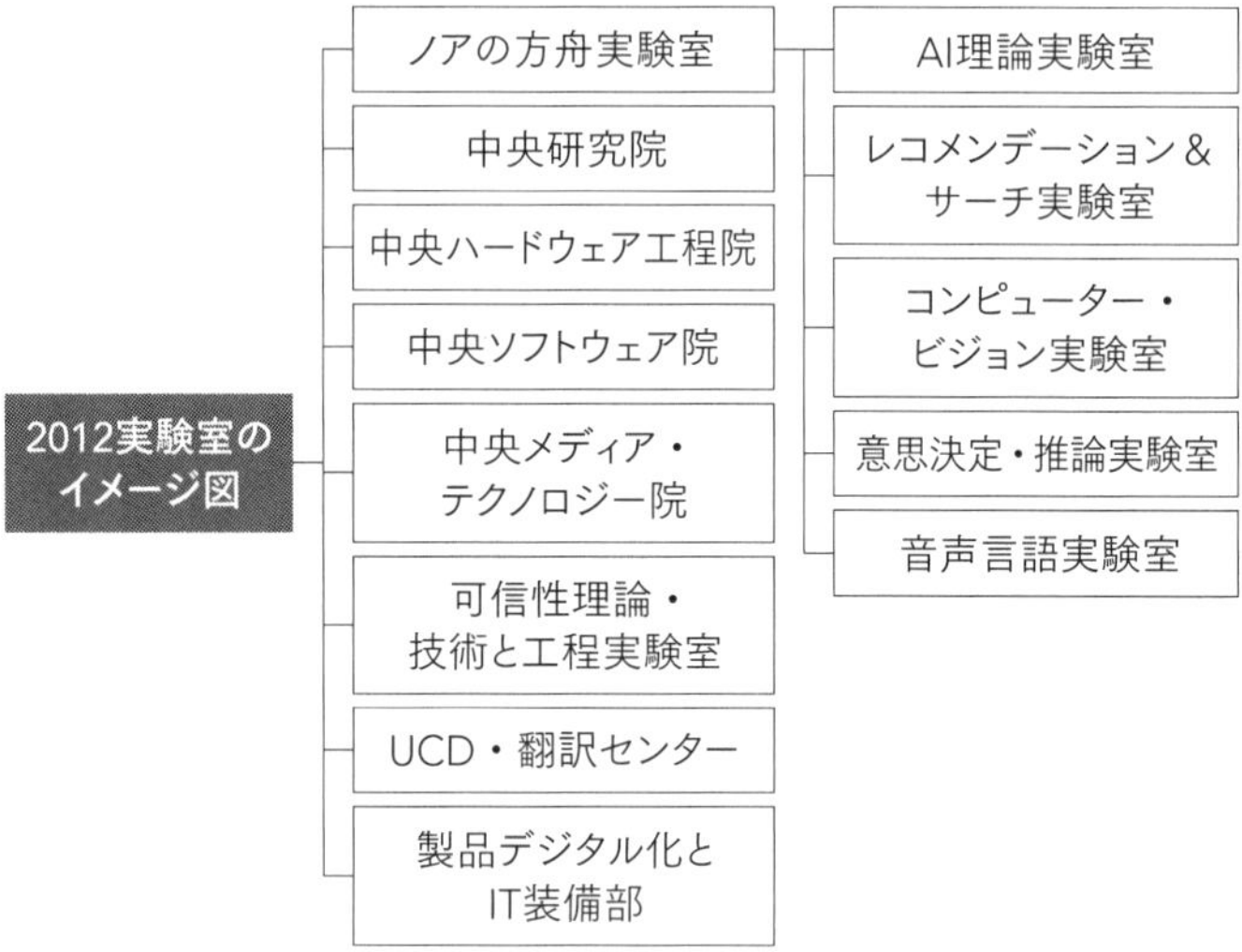

「ビッグデータからディープナレッジへ」というスローガンの下、あらゆるプロセスのインテリジェント化を通じて、人々の働き方や生き方、企業のビジネスのあり方に革命を起こすべく、ＡＩとビッグデータの時代における課題と機会の両方に果敢に取り組んでいる。

そうした研究開発がＡＩ基盤モデル、自動運転などＡＩ分野での数々の成果につながった。

例えば、中国北部にある世界有数の物流拠点天津港にＡＩ技術を活用した輸送管理システムを導入し、現場作業の無人化・自動化を実現した。縦横無尽のコンテナを運ぶ76台の運搬車両は、すべてＡＩで制御され、効率的な走行ルートを自動で選んでいる。作業員を従来の1000人程度から200人以下に削減でき、人口減少に転じた中国の労働力確保という課題を最先端技術で支援した。

2012実験室は現在、香港、深圳、北京、上海、西安、ロンドン、パリ、トロント、モントリオール、エドモントンなどに拠点を持ち、学術界と産業界の双方で多くの重要な成果を上げる研究組織に成長した。

ロシア人数学者の手による3G技術突破

インタビューを受けた同社科学技術諮問委員会CTO王紀奎は、「2012実験室は前人未到の技術を研究するため、すぐには成果を得られない」と強調する。むしろ、失敗の連続だ。それでも、研究者には十分な裁量と時間の余裕を与えることは2012実験室の鉄則だ。

一つ、有名な逸話を紹介しよう。2000年頃、200万ドルもの年俸でロシアの若手数学者をスカウトした。ロシアを離れたくない彼のために、わざわざモスクワに研究室まで設立した。しかし、このロシア人数学者は、毎日パソコンゲームに熱中して、他の研究者との共同研究もせず、数年経ってもこれといった成果を出せなかった。

マネジャーは任正非に彼の解雇を勧めたが、任は首を縦に振らなかった。すると、2008年のある日、この若手数学者は、「3G技術を突破した」と報告してきた。これを機に、同社は3G技術から一歩リードでき、熾烈な競争を生き残ることができた。

2012実験室で開発された技術のうち、実に7割以上がまだ実際に使われていない。しかし、それを許す懐の広さが数々のブレークスルーに結び付いている。

例えば、レーザー距離計はレーザーを使って目標までの距離を正確に測定する機器である。2012実験室の技術者は、水利分野での応用を前提にこれを研究していたが、実用化にまで至らなかった。偶然、自動運転分野でこの技術が応用できることに気づき、自動運転の進化に貢献できた。

世界各国の優秀な頭脳を集め、長期的な視点で研究開発に取り組む2012実験室こそ、ファーウェイのイノベーションの源泉なのだ。

1社で世界のテック大手に挑む

ファーウェイ復活を世間に印象付けたのは、2023年9月25日、同社が深圳市で開催した新製品発表会だ。この発表会に先駆けて発売した最新機種のスマートフォンに搭載されている先端半導体「キリン9000s」について、その入手経路に関する発表の有無に関係者一同固唾《かたず》をのんで見守る中、ファーウェイは、スマートデバイス等の新商品を次々と発表した。

結局、半導体の入手経路についての発表はなかったが、タブレット端末にキリン9000s、ワイヤレスイヤホンにキリンA2、スマートテレビにホンフ900という自社設計の半導体チップを搭載していたことで、業界関係者を驚かせた。

2020年5月、米国が同社への制裁を強化して以降、同社から生産委託を引き受ける海外の半導体工場が皆無となった。同社の自社設計する半導体チップは息の根を止められたかに見えたが、ここにきて複数の自社設計半導体チップ搭載機種を発表できたことは、同社が半導体の国産化でブレークスルーを果たし、製品ラインアップも点から面に進化したことを示している。

米国の制裁を受けてあらゆる製品の供給を絶たれたとき、同社は自社開発に踏み切った。独自の製品開発を繰り返すうちに、1社で欧米のほぼすべての大手テック企業の製品の代替品を短期間で生み出すことに成功した。

以下はファーウェイが近年開発した技術・製品の一部である。括弧内は、その製品の競合相手、もしくは制裁を受ける前の同等製品の供給元だ。

【通信機器】エリクソン、ノキア
【スイッチルーター】シスコ
【ハイエンド・スマートフォン】アップル
【キリン9000sチップ】クアルコム

【昇騰ＡＩチップ】　エヌビディアのＧＰＵ
【近距離無線技術NearLink】　ブルートゥースやWi-Fiアライアンス
【スマートフォンＯＳハーモニー】　グーグルのアンドロイド
【パソコンＯＳハーモニー】　マイクロソフトのウィンドウズ
【自動運転システム】　テスラ
【ファーウェイＥＲＰシステム】　オラクル、ＳＡＰ
【ファーウェイ・クラウド】　アマゾンのＡＷＳ、マイクロソフトのAzure など
【イメージング技術のＸＭＡＧＥ】　ドイツのライカのLeica iCON
【高機能ディスプレイの崑崙ガラス】　コーニング……

いまのファーウェイは、もはや数年前の米国の制裁に翻弄《ほんろう》される企業ではなくなった。制裁によって潰れなかっただけでなく、むしろ一時期の驕《おご》りを捨て去り、不死鳥のように大きく生まれ変わったようだ。皮肉なことに、米国の制裁が同社の成功を導いたと言えるかもしれない。

徹底した企業理念の浸透

今回の本社訪問で、ファーウェイにはイノベーションを生み出すもう一つの秘密がある

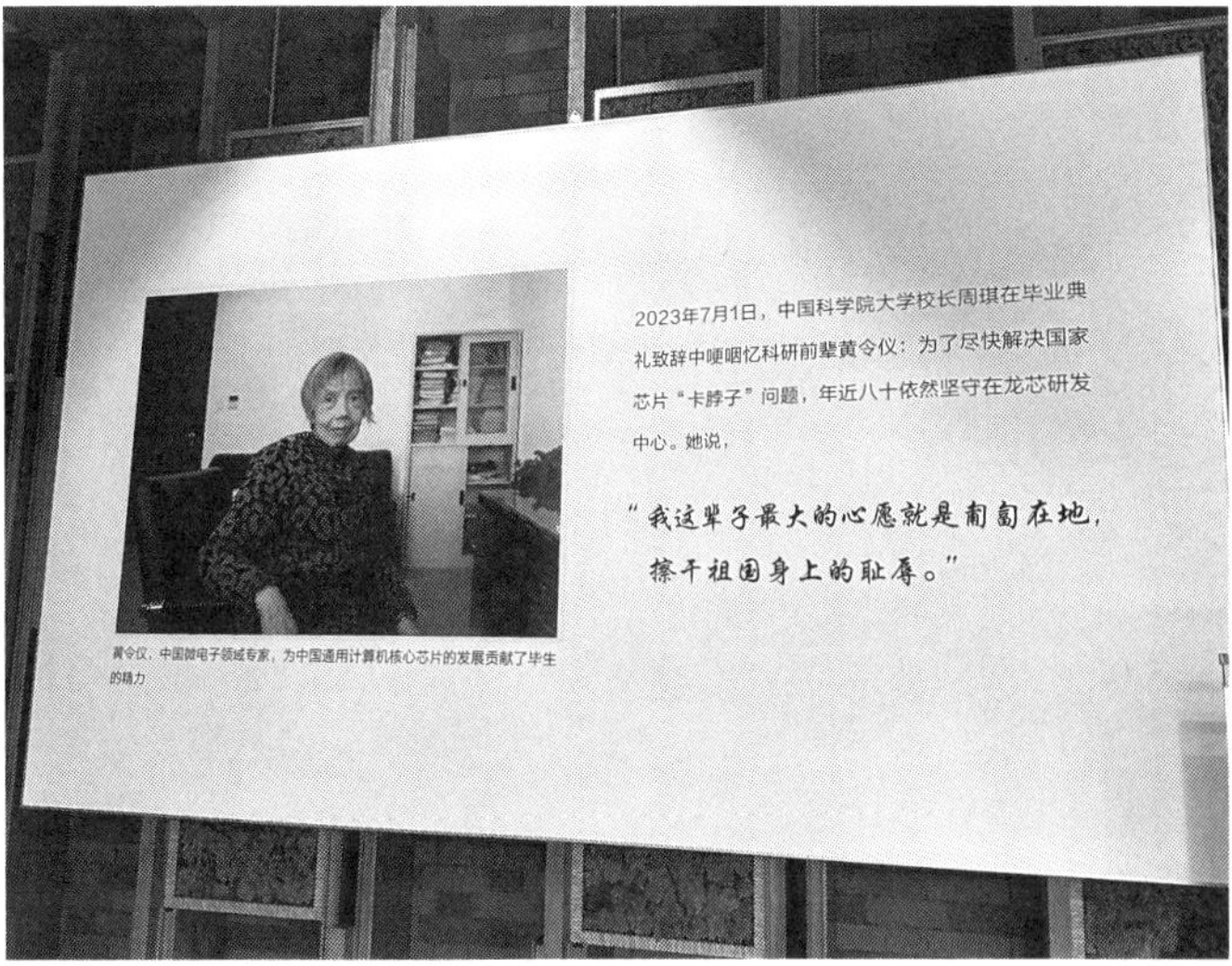

社員食堂に掲載されているポスター（筆者撮影）

ことを発見した。米国の制裁下にあっても、「強い使命感」によって同社の社員が一丸となっている姿を目にした。企業理念がしっかり浸透している証拠だ。

同社の四つのコアの価値観は、以下の通りだ。

（1）顧客本位
（2）報われる献身（奮闘精神を根幹とする）
（3）弛《たゆ》まぬ努力
（4）内省による自己成長（継続的な「自己批判」）

社員食堂に貼られた1枚のポスター

ファーウェイ本社を訪問したとき、社員食堂に貼られている1枚のポスターが目についた。

「私の心からの願いは、地面にひれ伏して私の国が受けている恥を拭い去ることです」

中国の科学者、黄永儀の写真の横にこんな言葉が添えられていた。1936年生まれの黄は幼少期の悲惨な戦争体験から祖国の繁栄を心から願い、基礎技術の開発に一生を捧げた著名な人物だ。中国の「半導体の母」と呼ばれるほど、半導体の国産化で多くの功績を遺《のこ》している。

黄が同社半導体事業の立ち上げ時に研究に協力したこともあり、「水を飲むときは、井戸を掘った人の恩を忘れるな」と社員に伝えると同時に、米国の制裁によって事業が大きなダメージを受けた現在の苦しみを「忘れるな」とのメッセージも込められている。

＊1　捜狐網　https://www.sohu.com/a/728368583_476872.
＊2　汽車之心　https://www.autobit.xyz/news/3008.html.

第2章 世界展開を急ぐバイトダンス（字節跳動）

人気があるから標的に

バイトダンス（字節跳動）が開発した動画投稿アプリ「Douyin」の海外版「TikTok（ティックトック）」は、米国や日本をはじめ各国の若い世代を中心に根強い人気を集めている。

TikTokは2019年に海外で一大ブームを巻き起こし、グーグルのPlay Storeとアップルの App Storeのいずれでもダウンロード数1位を獲得し、世界で最多ダウンロード数を誇るアプリとなった。

ソーシャル・ネットワーキング・サービス（SNS）アプリのWhatsApp、Instagram、Messengerに続き、2014年以降ではダウンロード回数が20億回を突破した最初のアプリとなった。

2020年から3年続いたコロナ禍を機に対面での交流が制限され、自宅にいる時間が長くなる中、娯楽性のあるショート動画投稿サイトTikTokの利用者が急増した。

アプリ分析ツール「App Ape」によると、日本におけるTikTokは2021年2月に対前年比66％の伸び率を示し、15秒程度のショート動画や写真の投稿が人気を呼んだ。[*1]センサータワーのレポートによると、2022年にTikTokは米国と全世界でダウンロード数が最多のアプリとなっている。

バイトダンスは、2012年に設立された創業わずか12年ほどの若い会社だ。中国国内のインターネット市場では、アリババ、テンセント、百度など三大プラットフォーマー（BAT）がシェアの大半を占める中、彗星《すいせい》のように現れたバイトダンスがBATの間隙を縫って短期間で多くのユーザーを獲得し、プラットフォーマーの一角に食い込んだ。

バイトダンスは国内市場だけではなく、BATも実現できなかった中国企業悲願のグローバル展開を果たし、フェイスブック（メタ）をはじめ米国のSNS企業を脅かすほどの存在感と影響力を獲得した。

バイトダンス創業者の張一鳴は、1983年に福建省竜岩市永定県に生まれた。メタの創業者で会長兼CEOマーク・ザッカーバーグより1歳年上だ。40代になったばかりの張は、いずれも50代のアリババ創業者の馬雲、テンセント創業者の馬化騰、百度創業者の李彦宏より一世代若い。

天津にある名門・南開大学でソフトウェア・エンジニアリングを学んだ張は、技術者でありながら、起業家精神が旺盛で、大学卒業後、旅行サイトや不動産検索エンジンなどの創業を経験したのち、バイトダンスを設立した。

創業わずか7年で、CBインサイツの世界ユニコーンランキングで評価額が世界1位になった。張は2019年4月、米タイム誌の「世界で最も影響力のある100人」に選出された。リストには、ファーウェイ創業者の任正非も名を連ねていた。

2020年8月3日、トランプ米大統領は同年9月15日までにTikTokの米国事業を国内企業に売却しなければ利用を禁止すると発表した。ファーウェイと並んで、米国の対中制裁の標的となったのだった。米国が恐れるほどの急成長がバイトダンスになぜ可能だったのかを、その生い立ちから探ってみたい。

Musical.ly買収が転機

先行する中国ネット企業とは異なり、バイトダンスは設立時から「Born to be global」というグローバルを視野に入れた目標を掲げ、着実にその目標を実現してきた。

海外でも通用する社名のByteDanceは、グローバル企業に育てたいという張一鳴の強い意志から付けられた。動画投稿アプリDouyinの海外展開の際、アプリの名前「TikTok」は張が自ら決めたものだ。

TikTokの初期メンバーによると、チームはいくつもの英語名を考え、どれも最終決定には至らなかった。TikTokは２００９年にリリースされた音楽の曲名で、時計の秒針のチクタク音に由来する。発音しやすく、遊び心もある。

海外進出の当初、TikTokは日本市場と韓国市場に重点に置いており、TikTokという名前が日本語でも韓国語でも覚えやすく、発音しやすかったことが有利に働いた。どの言語でもTikTokの発音はほぼ同じで、キャッチーであったことから、張一鳴も想像できないほどの世界的なヒットに繋がった。

一大転機が訪れたのは、巨額の資金を投入して北米の若者に人気のあった動画投稿アプリMusical.ly買収に踏み切った２０１７年11月。Musical.lyの創業メンバーである朱駿によると、当時のMusical.lyのＭＡＵ（月当たりアクティブユーザー数）は1億人を超えていたという。

買収金額は明らかにされていないが、8億ドルから10億ドルと言われている。当時、TikTokの利用者の分布は東アジアや東南アジアが中心で、ベトナム26％、台湾19％、インドネシア17％、タイ13％、日本12％、その他13％という分布であり、Musical.lyとの利用者の重複はなかった。

実は、バイトダンスより先にフェイスブックがMusical.lyに対して16億ドルのオファーを提示したこともあったが、直ちに決断できなかった。バイトダンスはこの買収により、戦略的なマーケットである北米の利用者を手に入れただけではなく、競合他社が短期間で追いつけないほどショート動画分野で先行することになった。

世界初の完全モバイルＡＩカンパニー

マイクロソフト、グーグルの中国法人元幹部でＡＩ専門家の李開復は、張一鳴を高く評価している。彼は、張を米タイム誌にこう推薦していた。

「どの面から見ても、張一鳴は他のリスト掲載者と遜色がない。バイトダンスは初の完全なモバイルＡＩカンパニーであり、パーソナライズ・ニュース、ビデオベース・ソーシャルメディア、海外展開など、グーグル、フェイスブック、テンセントも実現できなかった分野で成功を収めた。競合他社との徹底的な差別化戦略にこだわり、難しくても完璧でなくてもまずチャレンジする。そんな張一鳴が、自由でフラットな企業文化も築き上げた[*2]」

このコメントは、バイトダンスの成功要因をうまく説明している。つまり、技術面では優れた技術を有するＡＩカンパニーであり、商品・サービス面では競合他社との徹底的な差別化戦略をとり、企業文化はチャレンジ重視、自由でフラットな組織なのだ。

TikTok の見た目は、Musical.ly とほぼ一緒だ。画面を上にスワイプするだけで、見ているショートビデオが次の投稿へ進むといったシンプルな操作で、どんな動画が出てくるか、アプリ側によってレコメンドされ、ワクワク感がある。

ただ、Musical.ly はサービス開始5年で、MAUは1億人に留まっていたが、TikTok は1年間でゼロから5億人に増え、急成長を遂げた。その理由は、バイトダンスが開発したAIレコメンド・エンジンにある。

Musical.ly では、ユーザーが登録した嗜好《しこう》や個人情報などに基づいて会社スタッフが手動操作してユーザーに表示する動画を決めていたのに対し、TikTok は機械学習に基づくAIレコメンド・エンジンによって自動的に推薦される仕組みだ。

その評価軸は多岐にわたる。ユーザーのコンテンツに対するアクション（動画の視聴・いいね・共有・スキップ、発表者のフォローなど）、ランキング（人気度、話題性など）、類似性（ユーザーの好みに近いとシステムで判断する場合）など、様々な要素を評価する上でコンテンツを自動的に届ける。

使えば使うほど、システム側のユーザー理解度が深まっていき、さらにその心をつかむことが可能となる。TikTok と合併後、Musical.ly はこのAIレコメンド・エンジンを早速導入した結果、短期間でユーザーの利用時間が倍以上に増えたという。

動画投稿アプリブームに乗じ、フェイスブックも2018年11月に「Lasso」という類似サービスを投入したが、２０２０年７月にサービスを終了した。TiKToK のＡＩレコメンド・エンジンのような機能を開発できなかったことが撤退の理由だろうと推測される。

実は、フェイスブックは当初、TiKToK を競合相手と見なしていなかった。TikTok は本格的に世界に進出した際、知名度を上げるためにフェイスブックなどに多額の広告費を投じていた。フェイスブック経由で利用者１人を獲得するのに10ドルものコストを要し、決して安くなかった。それでも TiKToK はフェイスブックに巨額の広告費を払い続け、２０１８年の１年間だけで10億ドルに達したという。フェイスブック側は、TikTok を競合というより大口スポンサーの１社として受け入れていた。

後に自社の類似アプリでは TikTok に勝てないと気づき、２０２０年２月には同社幹部が TikTok の急成長に懸念を示した。この報道を受け、TikTok は直ちにフェイスブック経由の集客を取りやめ、これ以降、両者は本格的な競争関係に入った。

コラム　主要国のTikTok規制の概要

現在、米国、カナダ、日本、ヨーロッパがプライバシー侵害やデータ流出などへの懸念から、TikTok への規制を打ち出している。以下にまとめた。

【米国】

2019年12月　陸海空軍、海兵隊、沿岸警備隊に対して、政府支給の端末でTikTokの使用を禁止。

2020年8月3日　トランプ大統領は9月15日までにTikTokの米国事業を米国企業に売却しなければ利用を禁止すると発表した。

8月6日　連邦議会は政府支給のデバイスで政府職員によるTikTokの使用を禁じる法案を満場一致で可決した。

8月14日　トランプ大統領はバイトダンスに対してTikTokの米国事業を90日以内に売却することを命じる大統領令を発動した。

9月18日　商務省は20日から米国内でのTikTokとWeChat（微信）の新規ダウンロードを禁止すると発表した。

11月12日　商務省は同日夜に予定していた動画共有アプリTikTokの国内での利用禁止措置の発動を見送った。

2021年6月10日　バイデン大統領は連邦最高裁で違憲判決が相次いで規制が困難であることから、WeChatとともにTikTokを禁止するトランプ前政権の大統領令を撤回した。

2022年11月末～　12月上旬までの約1週間でサウスダコタ州、サウスカロライナ州、メリーランド州が相次いでTikTokの禁止令を打ち出し、ネブラスカ州では２０２０年から、政府の端末でTikTokを使うことが禁止された。

12月　「政府のデバイスにおけるTikTokの利用禁止」に関する条項を含む歳出法案が上院で可決された。12月時点で既に13州がTikTok禁止措置を講じている。

２０２３年２月28日　政府の行政管理予算部門は、すべての行政機関は30日以内にすべての「連邦政府のデバイス」からTikTokを削除しなければならないと覚書に記した。２月下旬の時点で50州のうち32州が、政府のシステムに接続する端末にTikTokをインストールすることを禁じている。

３月１日　下院外交委員会は、中国系動画投稿アプリTikTokを全面禁止する権限をバイデン大統領に付与する法案を賛成24、反対16の賛成多数で可決した。

２０２４年３月13日　米連邦議会下院は、実質的にTikTokを狙い撃つ「外国の敵対勢力が管理するアプリから米国人を保護する法律」を大差で可決した（賛成３５２、反対65）。法案成立から１８０日以内に米国事業の米国企業への売却を求め、従わない場合は米国内でのアプリの提供などを禁じる。法案は、上院で可決された後、大統領の署名を経て、成立する。

【日本】
2023年2月27日
松野官房長官は記者会見で政府職員が利用する端末のうち、機密情報を扱う機器を対象にTikTokの利用を禁止していると明らかにした。

【ヨーロッパ】
2023年2月23日
欧州連合（EU）欧州委員会は、職員の公用携帯端末でのTikTok使用を禁止すると発表し、個人用の端末を欧州委の業務で使っている場合も削除を求める。

同年
フランス、ドイツ、スウェーデン、フィンランド、デンマーク、ベルギー、オランダ、エストニアなどのヨーロッパ諸国は、政府職員が仕事用デバイスでTikTokを使用することを禁止。

【カナダ】
2023年2月27日
モナ・フォルティエ予算庁長官は政府の端末でのTikTokの使用を禁止するとの声明を発表。

【インド】
2020年6月29日　政府はTikTokを含む59の中国系モバイルアプリの使用を禁止することを発表。
2021年　電子・情報技術省は、TikTokなど中国企業が提供する59のアプリに対して、20年6月に講じた禁止措置を恒久化する方針を通知した。

再び標的となったTikTok

TikTokの運営会社の情報開示によると、2024年3月時点で、TikTokの米国での月間ユーザー数は1億7000万人に上り、米国の総人口3億4000万人の約半分を占めている。若者がTikTokに費やす平均時間は1日当たり約50分を超え、ストリーミング配信大手のNetflixに次いで第2位となっている。

蓄積される大量のデータの安全性に神経を尖《とが》らせる米政府の圧力によって、TikTokは米国内での全面禁止の危機に直面している。

2023年3月23日、米連邦議会下院はTikTok最高経営責任者（CEO）の周受資（チョウ・ショウヅゥ）を公聴会に呼び、質疑を行った。4時間半の予定だった公聴会は、議員たちの質問攻めと白熱した議論のため、5時間半に及んだ。普段は意見の相違が大きい民主、共和の両党議員も、この日は珍しく一致して周を厳しく追及した。議員たちは、主に米国の利用者のプライバシー保護といったデータセキュリティ問題、中国政府への情報流出といった国家安全保障への脅威、有害コンテンツからの未成年者の保護について周を問い詰めた。

周受資は同社のデータ安全に関する措置を詳しく説明しようとしたが、しばしば中断させられた。重要な事項について発言しようとしたが許されず、発言内容が無視されることもあった。[*3] 公聴会のライブをオンラインで視聴している参加者が、周受資の忍耐強い対応に、「Let him speak」と共感していたのは興味深い。[*4]

諸刃の剣？　TikTok包囲網

中国の国家情報法第7条が、「中国の国民や組織は、中国政府の情報活動に協力する義務がある」と定めている。この条項を盾に、複数の議員が「米国の利用者データが中国政府に流出する恐れがある」という見解を表明した。周CEOはそうした懸念を否定し、以下の理由を述べて米国での事業継続に理解を求めた。

「バイトダンスは、中国政府によって所有または管理されているわけではなく、あくまで一民間企業である。バイトダンスは、世界の機関投資家が60％、創業者が20％、世界中の従業員が20％保有している。また、バイトダンスの5人の取締役のうち3人は米国人である」

「米国の利用者のデータ保護のために『プロジェクト・テキサス』という計画によって、データの安全を確保する対策を取っている。米国の利用者データはすべて米国大手ＩＴ企業のオラクルのサーバーに保存され、ファイアウォールなどの設置によって中国からアクセスできないようにする。さらに、これらの取り組みは、独立した第三者の監査を受け、定期的に米国の独立した委員会に報告する」

しかし、こうした説明だけでは、議員らの懸念を解消することはできなかった。ある議員は、米政府がTikTokを運営する傘下企業の株式を米国企業に売却するよう指示したことについて、中国政府が「政府の許可が必要」と反対したことを持ち出し、その影響力を問い質《ただ》した。

中国政府はTikTokに助け舟を出すつもりで発表したことが、逆にTikTokを難しい立場に立たせることになった。米中摩擦の板挟みとなったTikTokがどんなに説明しても、恐らく米国側の理解は得られないだろう。

公聴会後の世論調査では、TikTokを禁止すべきかどうかについて意見が分かれている。成人利用者の41％は禁止に賛成するが、TikTokを1カ月以内に利用した人の45％が禁止に反対している。TikTokのデイリーユーザーでは、54％が禁止に反対している。

TikTokは、既に米国で700万社以上の中小企業がビジネスで使っている。理論上のリスクだけで禁止するなら、米国が従来、批判してきた中国政府のフェイスブックやYouTube禁止措置と同様、批判を受けることになる。

TikTokユーザーには若者が多く、2018年、2020年、2022年の国政レベルの選挙で若い有権者の投票率が大きく上昇したのは、TikTokを使った効果と言われている。TikTokは、こうした若い有権者にリーチする重要なプラットフォームとなっている。

公聴会を終えて1カ月も経たないうちに、Discord（ディスコード）というゲーム利用者向けSNSを利用して、若い米軍関係者が機密情報を漏洩《ろうえい》した事件が起きた。このSNSは世界で月間2億人が利用し、ゲーム愛好者以外のユーザーも増えている。アニメや音楽、投資情報、仕事の相談まで、幅広い話題が活発に議論されているが、人種差別的な発言が目立ち、銃を扱う攻撃的な動画も頻繁にアップされていた。

2024年2月11日、11月の大統領選で再選をめざすバイデン大統領陣営がTiKToKのアカウントを開設し、若年層の有権者の取り込みを図った。開設して10日経った時点で最初に投稿した動画は960万回再生され、フォロワーは約16万2000人に達している、とロイター通信が報じた。

これに対し、共和党の18人で構成する議員団がそのアカウントの削除を求める書簡をバイデン大統領に送るなど、米国内ではTiKToKをめぐって意見が二分している。[*5]

2024年3月、米連邦議会下院は TikTok の国内での利用を禁止できる法案「外国の敵対勢力が管理するアプリから米国人を保護する法律」を可決した。親会社バイトダンスに対し、6カ月以内に TikTok を米国企業に売却しなければ、米国内でのアプリ提供・維持・更新などを禁止するとしている。

法案が施行されるためには、上院での可決と大統領の署名が必要だ。法案の行方によっては、TikTok が撤退に追い込まれる可能性も出てきた。

一方、中国もサイバーセキュリティ法やデータ安全法などの法律を策定し、自国民のデータ安全に神経をとがらせている。実はアップルも数年前、TikTok 同様、iPhone 利用者のデータ安全について中国政府から問題視された。そこで、同社は2018年2月28日から国有企業の雲上貴州ビッグデータ産業発展有限公司（雲上貴州）と共同で、アップルの中国国内利用者向け iCloud サービスを開始した。

中国国内のアップル製品の利用者データは、順次、米国のデータセンターから中国のデータセンターに移行された。データを中国国内に置くことで、中国のデータ安全に関する法規制に対応するだけではなく、データアクセスのレスポンス向上にも繋がった。中国のユーザーのデータをすべて中国国内に保存することによって、アップルの中国における事業継続には影響が出なかった。[*6]

第2ステージへ

米国、カナダ、EU、日本でTikTokに対する規制が強まる中、東南アジアや中東などの地域では規制への動きは出ていない。TikTok人気は高まるばかりで、インドネシアのTikTok利用者は1億人を超え、米国に次ぎ世界で2番目に多い。

ベトナムでは、人口の半分に相当する5000万人がTikTokを利用していると言われ、急速に拡大している。サウジアラビアのTikTok利用者は、中東で最多の2639万人に上る。イラクとエジプトでも、それぞれ2300万人を超えている。

TikTokは動画配信だけではなく、新たに電子商取引（EC）事業「TikTok Shop」も展開し、2023年には東南アジアだけで130億ドルを突破する勢いだ。

TikTok規制の背景には、自国民が生み出しているデータの囲い込みとデータ安全およびデータ主権の確保の狙いがある。

報道によると、バイトダンスは2023年11月以降、中国国内でTikTokのシステム、アルゴリズムなどの技術開発に携わる技術者や管理者を対象に海外勤務を要請した。赴任先は、シンガポール、米国、カナダ、オーストラリアなどで、赴任する社員は給与面で優遇される。

バイトダンスは、これまで各国の規制に対応するため、既に欧州や米国などでデータセンターを構築し、データのローカル保存を実施してきた。今後はサービスの要となるアルゴリズムの開発者、管理者もすべて中国と分離することを徹底し、各国の監督を受け入れやすい環境を整えていく狙いとみられる。

２０２１年5月20日、張一鳴は全社員にメールを送信し、同社のＣＥＯを退任し、半年の引き継ぎを経て、共同創業者の梁汝波にその職を引き継ぐと発表した。

中国にルーツを持つというだけで西側から疑いの目を向けられてきたバイトダンスだが、ＣＥＯが交代しても難しい舵取りは変わらないだろう。張一鳴がアリババ、テンセント、百度がなし得なかったグローバル企業としての可能性を育てたステージが終わり、バイトダンスは次のステージに入る。

張一鳴が各国の規制によって実現できなかった真のグローバル化を次期ＣＥＯの手で成し遂げることができるかどうか。TikTok の今後は、中国テック企業のグローバル化を占う試金石であると言っても過言ではない。

＊1 日本経済新聞（2023/01/05）「ＬＩＮＥは停滞、TikTok 急伸　コロナ禍3年でＳＮＳに選別の波」https://www.nikkei.com/article/DGXZQOUC2284R0S2A221C2000000/.

＊2 「Zhang Yiming Is on the 2019 TIME 100 List |Time.com」より引用。

＊3 『ＷＩＲＥＤ（2023/03/27）』「TikTokを巡る公聴会から、埋めがたい「認識の違い」が浮き彫りになってきた」https://wired.jp/article/tiktok-hearing-congress-us-privacy-law/.

＊4 『ＦＴ中文網（2023/4/3）』「TikTok 听证会：当东方式儒雅对抗西方式拷问」https://cn.nikkei.com/columnviewpoint/column/51922-2023-04-03-05-00-34.html.

＊5 ロイター通信「米共和議員団、バイデン陣営の TikTok アカウント削除を要求」https://jp.reuters.com/business/63HGM2SSWJPJ5BI2TJCIXEU33M-2024-02-21/.

＊6 『チャイナ・イノベーション　データを制する者は世界を制する』Ｐ36。

第3章 急成長するチャイナ生成AI

AI世界大会に400社

2022年12月、米国のオープンAI社が開発した生成AIサービスChatGPTの登場をきっかけに、中国では再び人工知能ブームが巻き起った。

ChatGPTは、従来の人工知能に比べて遥かに高い能力を持っていることから、中国企業は生成AIの急展開に乗り遅れまいと次々と参入を表明した。筆者は2023年7月6日に開催された上海の世界人工知能大会を視察し、その熱気を体感した。

「世界をスマートに繋ぎ、未来を切り開く」がテーマの同大会は、2018年の第1回大会以来、6回目となった。史上最大の5万平方メートルの展示会場に、最多の400社以上が出展した。

2023年7月、上海で開催された第6回世界人工知能大会（筆者撮影）

百度、アリババ、テンセント、ファーウェイのＢＡＴＨの他、アリババに次ぐ中国第２位のＥＣ事業者ＪＤドットコムなどの大手ＩＴ企業や、ＡＩ新興企業のiFLYTEK（アイフライテック）、商湯集団（センスタイム）、インターネットセキュリティ企業の３６０など、有力テック企業が、ＡＩ基盤モデルとその応用事例などを発表した。

半導体チップ、ロボット、演算コンピューティングなど人工知能と関連する産業、スマートシティ、自動運転など実装分野と関連して、初公開・初展示の新製品30種類が紹介された。

海外からは、チューリング賞や人工知能分野の専門家をはじめ、テスラ

CEOのイーロン・マスクも開幕式にビデオでメッセージを寄せた。

公式発表によると、入場者は17・7万人を超えた。オンラインでセミナーを視聴した参加者も多く、配信したビデオの累計視聴数は10・7億回を超え、昨年より68％も増加した。いずれも過去最高だった。

熱狂の「百モデル戦争」

科学技術活動を管理する中国科学技術部・次世代人工知能発展研究センターが発表した「中国人工知能基盤モデルマップ研究報告書」によると、2023年5月28日までにパラメータ数（機械学習モデルが学習中に最適化する必要のある変数の数）が10億以上のＡＩ基盤モデルが少なくとも79種類発表された。

多くは、同年3月から6月までの4カ月間に集中している。各社のサービスの相次ぐリリースと短期間での性能の急速な向上は、従来のテックサービスでは見られないものだ。その熱狂ぶりは、「百モデル戦争」と呼ばれる。

百度、アリババといったメガテックだけでなく、テック業界のリーダーが起業したベンチャー、大学、研究機関、さらには産業分野向けサービス企業も重要な参加者となっている。

2023年2月13日、ネット出前サービスを手掛ける生活関連サービス大手の美団（メイトゥアン）共同創業者の王慧文が5000万ドルの自己資金を投じ、「中国版オープンAI」の設立をめざすと宣言し、大きな話題を呼んだ。

その後も、台湾生まれの米国人で北京在住の、マイクロソフト、グーグルの中国法人元幹部のAI専門家、李開復が生成AIスタートアップ「Project AI2.0」を創業し、ポータルサイト「ソウゴウ」創業者の王小川が「百川智能」を創業するなど、起業ラッシュが続いている。

また、北京智源人工知能研究院や清華大学、復旦大学、中国科学院なども存在感を示している。例えば、清華大学の知識工程実験室から生まれた大規模言語モデル GLM-130B をベースに開発した対話型大規模言語モデル ChatGLM-6B は、研究者の間で人気を呼んでいる。

当該モデルは62億パラメータ数を持つ汎用言語モデル（GLM）で、中国語と英語双方に対応できるオープンソースの多言語モデルだ。一般消費者向けGPU（グラフィックス・プロセッシング・ユニット）のような小規模な計算リソースでも動かせることが特徴で、多額の資金を投入できない研究者や一般企業の研究開発を支えている。

2022年11月、スタンフォード大学基盤モデル研究センター（CRFM）が、世界中で最も人気のある大型モデル30機種を評価したが、GLM-130B はアジアから唯一選ばれている。

このように、企業や研究機関、大学など多様なプレイヤーの参入と生成ＡＩ技術の利活用の活発化により、今後、中国の生成ＡＩ市場は急成長が見込まれる。

調査会社の艾媒諮詢が発表した「２０２３年中国生成ＡＩ業界発展研究報告」によると、２０２３年の中国生成ＡＩの市場規模は、前年の約７倍となる79・３億元（約１５７０億円）に達する見込みで、２０２８年には２７６７・４億元（約５・５兆円）に拡大すると予想される。

急成長の要因

中国の生成ＡＩが急速な発展ぶりを示しているのは、ＣｈａｔＧＰＴブーム以前から、ＡＩ産業が既に一定の基礎を築いていたことが背景にある。具体的には、いくつかの要因がある。

一つ目は、近年質・量ともに高まりつつあるＡＩの研究力だ。スタンフォード大学人間中心ＡＩ研究所の報告書「AI Index Report 2023」によると、２０２１年のＡＩ関連の論文数で中国は世界全体の39・８％を占め、欧州連合（ＥＵ）・英国の15・１％、米国の10％を大きく引き離している。

図表3-1　中国における生成AIの市場規模

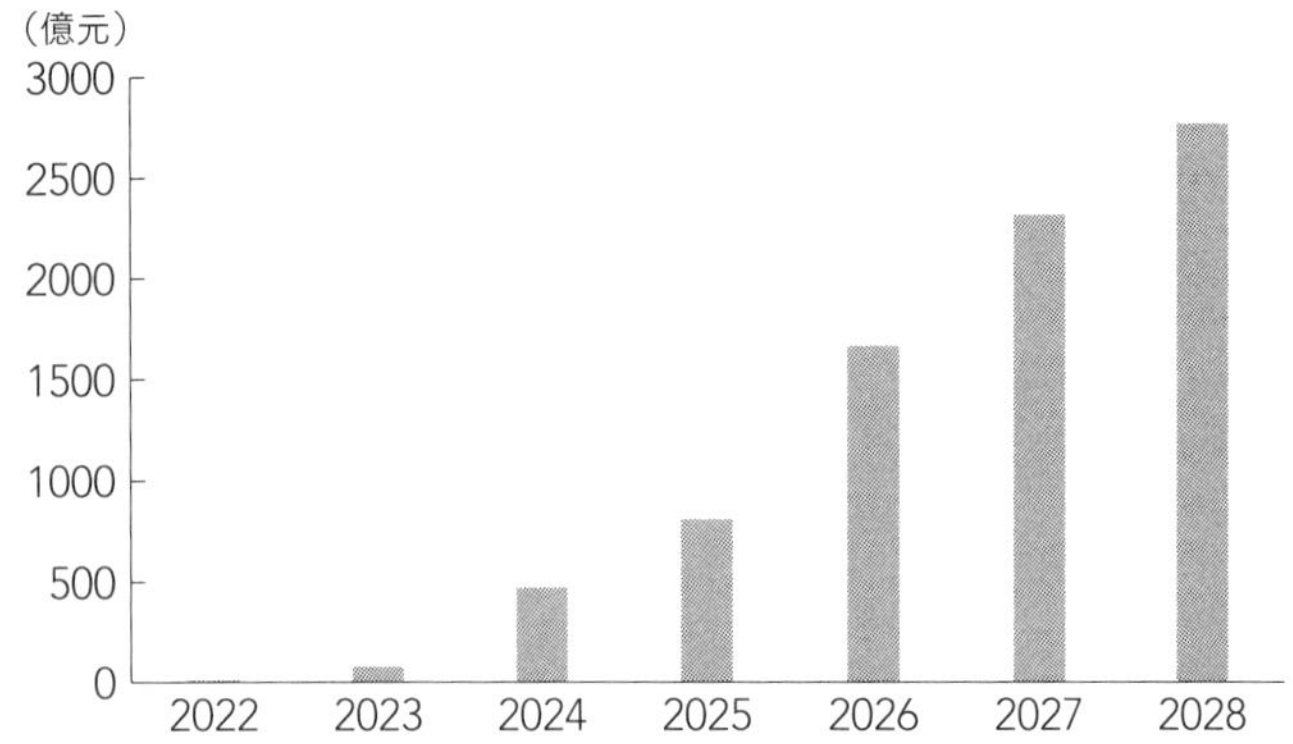

（出所）艾媒諮詢（2023）『2023年中国生成AI業界発展研究報告』　23年以降は予測値

特許の観点から見ると、中国のＡＩに関する特許数は２０１８年に米国を上回り、２０２１年には12万１２００件で、米国の７万３２００件を大きく上回っている。

ただ、中国の論文や特許の多くがモニタリング、コンピューター・ビジョン、マルチモーダル、画像認識など、いわゆるＡＩ「１・０」の分野に集中しているのに対し、米国は質問応答、自然言語生成、テキスト分類などＡＩ「２・０」と呼ばれる分野に集中している。★1 つまり、生成ＡＩ分野では、中国は米国にまだ及ばないのが現状だ。

二つ目は、豊富なＡＩ人材プールが形成されていることだ。国内の大学生の２０２３年卒業見込み数は１１５８万人、うち理工系卒業生は47・８％を占める。２０２３年以前はその割合はさらに高く、70％もあった。

こうした豊富な人材は、これまでＡＩ産業を含めたデジタル産業の急速な発展を支えた。アリババやテンセントなどのプラットフォーマー、ファーウェイに代表されるメガテック、アイフライテックなどのＡＩ関連企業が多く存在することで好循環が生まれ、ＡＩ開発に必要な基礎的人材が多く育成された。

一方で、ＡＩ基盤モデルの発展には、高度なアルゴリズムを開発できる先端人材が必要不可欠だ。この分野における国内の人材の蓄積はまだ少ないとの見方が強い。

三つ目は、政府の支援策の後押しだ。政府はＡＩ産業を次世代情報技術産業の重点発展領域と指定している。これに加え、中央政府から地方政府までがＡＩの発展を促進するための政策を次々と打ち出した。

国レベルの支援策としては、ＡＩの発展に必要不可欠なデジタルインフラの整備を国家戦略レベルに格上げし、２０２５年までに開発に必要な演算能力を電力、水道と同様、オンデマンドで提供できるようにすることをめざしている。

２０２３年２月以降、地方レベルの支援策も多く発表され、資金面の支援から産業振興策まで内容が様々だ。深圳市を例に挙げると、同市が２０２３年５月末に発表した「深圳市における人工知能の高品質な発展と高水準な応用を促進するための行動計画（２０２３年〜２０２４年）」によると、有力企業のＡＩ投資を拡大させるための支援策として、政府系ファンドを中心に、１０００億元（約２兆円）規模のＡＩファンドを組成することを打ち出している。

支援策の中でもコンピューティング・インフラに関するものが特に重要だ。AI基盤モデルを開発するには、事実上のスパコンにも匹敵する大規模なコンピューター資源を使って、ウェブ上から収集した膨大なデータを長期間にわたって継続的に機械学習させる必要がある。

そのためには最低でも5億ドル（650億円以上）の開発費が必要とされるが、中小企業はおろか大手企業ですら自主開発は容易ではない。コンピューター資源を活用しやすいように、企業への補助金制度を策定した地方政府がある。

2023年5月30日、上海市発展改革委員会は「上海が民間投資の発展を支援する取り組みを強化するための幾つかの政策措置」を発表し、データやコンピューティング能力などの人工知能の発展に必要不可欠なインフラ構築への民間企業の幅広い参加を支援することを表明した。

具体的には、有望なAI企業に対し、コンピューター資源の調達コストの30%までを国が直接補助するなどの政策である。この政策の後押しもあり、上海自由貿易区にセンターを構えるAI大手のセンスタイムは、企業向けにインテリジェント・コンピューティング能力を提供すると発表した。既に40社以上の企業にサービスを提供しているという。

EV産業などと同様、官民一体の取り組みによって、AI産業に強い推進力が生まれることは間違いない。

中国生成ＡＩの三つのタイプ

中国生成ＡＩ各社のサービスは、大きく三つのタイプに分けられる（図表3－2参照）。自社が優位な分野を中心にエコシステムを形成し、業界横断的な汎用ＡＩプラットフォームの構築をめざすエコシステム構築型、開発したモデルをオープンソース化し、研究開発のインフラとして一般企業に開放し、業界全体の底上げを図るインフラ建設型、特定領域で独自の優位性を形成し、業界に特化するモデルを開発し、大手との差別化を図る業界特化型がある。

エコシステム構築型について、百度とアリババを例に見てみよう。

百度は中国のメガテックの中でも特にＡＩに注力しており、持続的な投資を10年間行い、累計1000億元以上をＡＩ事業に投資し、パートナー企業、ＡＩ人材教育、開発者コミュニティの三位一体のエコシステムを形成している。

2023年7月時点で、既に750万人の開発者のコミュニティ、20万社のパートナー企業という基盤がある。百度スマートクラウドは、それまで300以上のエコシステム・パートナーとともに、400以上のシナリオで文心一言を実証実験した。

図表3-2　中国生成AIモデルのタイプ

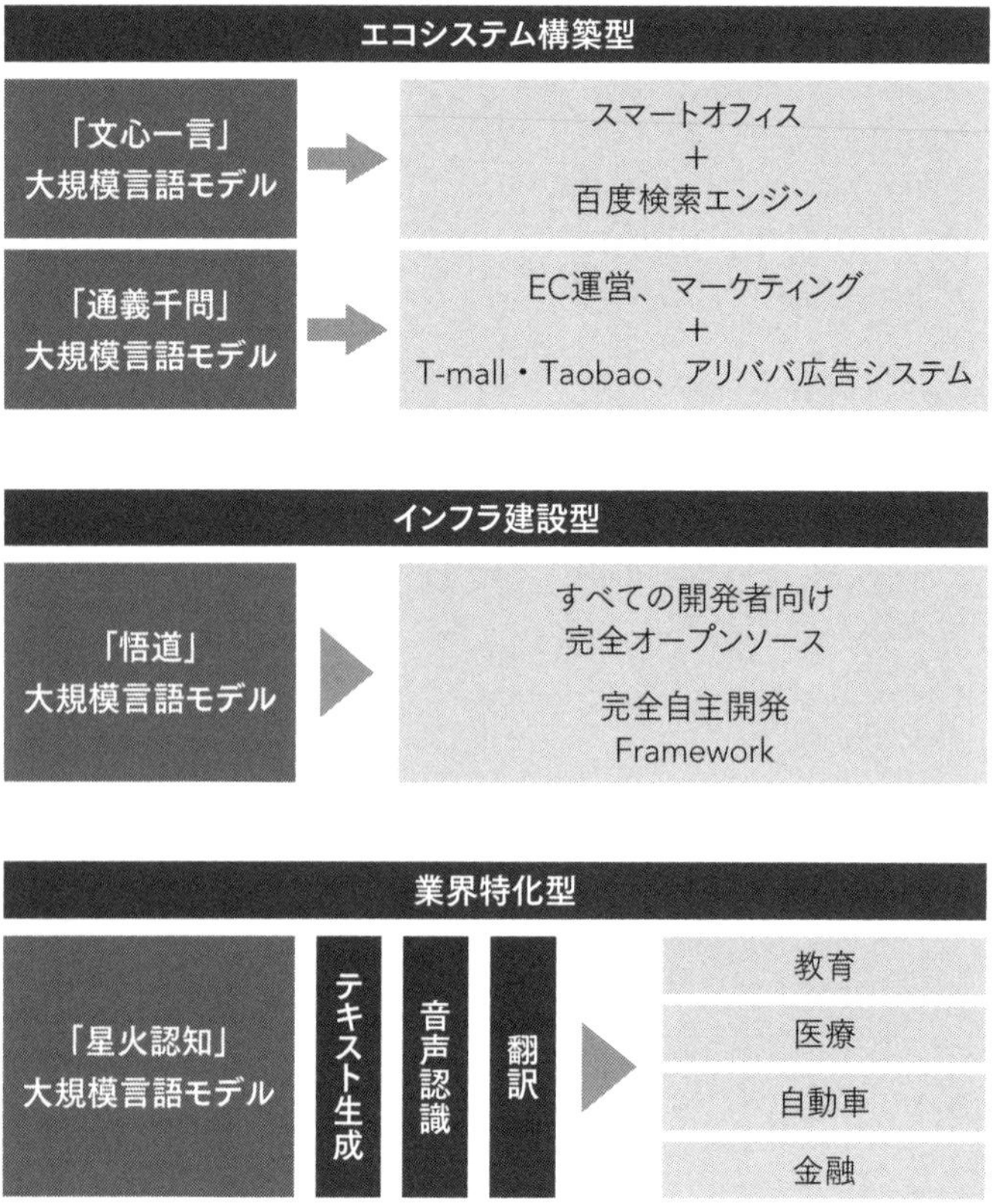

（出所）NRI作成

百度に続き、アリババグループも2023年4月のアリババ・クラウドのサミットで、自社の生成AIモデル「通義千問（Tongyi Qianwen）」を発表した。

傘下のネット通販、検索エンジン、エンターテインメント、企業向け統合型コラボレーションツール、地図などの様々なアプリに生成AIを組み込んでいく計画だ。

先行的にAIを組み込んだのは、ビジネス現場でのコラボレーションに特化した企業向けツール「ディントーク（DingTalk）」だ。メールの作成、マーケティングプランの企画などオフィス業務をサポートする他、会議の招集、議事録の取りまとめ、会議後にやるべき仕事のリストアップなどのサービスを提供して、導入企業の業務効率化に寄与している。

インフラ建設型の代表例は、北京智源人工智能研究院が2021年から開発を始めた「悟道（WuDao）」モデルだ。このモデルは、世界初の兆レベルのパラメータ数（1・75兆）を有する大規模言語モデルである。

中国製スパコン・プラットフォーム上で、中国の法規制で定められたデータ・コンプライアンスに適合した世界最大規模の中国語テキストデータセットによってトレーニングを行い、国産チップの採用割合を極力高めた環境で開発されたことが特徴だ。

悟道モデルの主なアピールポイントは、コンプライアンス・チェックに力を入れていることだ。犯罪や反社的な内容に繋がりそうな質問に対して、AIが適切に対応できるシステムとなっている。

2023年7月の世界人工知能大会で、百度は新製品「文心一言」を発表した

業界特化型の代表例は、音声認識大手アイフライテックが発表した「星火認知(iFLYTEK SPARK)」モデルだ。2024年1月に開催した3・5バージョンの発表会では、CEOの劉慶峰は、その7つの能力（コンテンツ生成能力、言語理解能力、ナレッジシェア能力、論理推理能力、数学的能力、コーティング能力、マルチモーダル能力）の進化ぶりをアピールした。

劉は「このモデルの言語理解力と数学的能力は2023年11月7日のオープンAI DevDayで発表されたバージョンのGPT－4Turboを超え、コーディング能力はGPT－4Turboの96%に達し、マルチモーダル理解力はGPT－4Vの91%に達した」という自社の評価結果を公表した。

教育業界を例に挙げると、アイフライテッ

クはこれまでに全国で2万5000校以上、1200万人以上の教師と生徒にAIサービスを提供してきた。このように、豊富な応用場面での運用を通じて、中国の国産AI基盤モデルは米オープンAIを猛追しているようだ。

AI開発における中国の競争力

中国のAIブームに水を差すように、米国が中国に対する技術、人材、資金の規制を相次いで打ち出した。特に、2023年2月以降、米連邦議会上下院が中間選挙後の新体制となり、超党派で対中強硬姿勢を強め、ハイテク分野における対中規制が強まっている。米国の規制動向は、中国のAI発展に大きな影響を与えている。

生成AIに限らず、AIの技術力を左右するのは、大きく三つの要素がある。それは、アルゴリズム、コンピューティング能力、データだ。言い換えれば、高度人材、インテリジェントな演算能力、高品質なデータの競争でもある。

高度人材の競争

アルゴリズムの競争とは、高度人材の競争でもある。中国企業はオープンAIなど米企業に生成AIで出遅れた結果、米企業に比べて1世代以上遅れているという見方がある。

追い上げるには、AIの基礎理論やアルゴリズムに関する高い専門知識を持つ先端人材が必要不可欠だ。ところが、現在、そのような人材の多くは米企業に在籍している。

2023年2月時点でオープンAI社の公式サイトの情報によると、ChatGPTの開発チームは全部で87人、平均年齢は32歳だ。多くはスタンフォード大学（14人）、カリフォルニア大学バークレー校（10人）、マサチューセッツ工科大学（7人）など有名大学出身で、グーグル、フェイスブック（現メタ）、ウーバー、エヌビディアなど著名なハイテク企業で働いた経験を持っている。

注目されるのは、ChatGPTチームに中国出身者が多いことだ。中国人が9人いて、全体の10％を占める。うち5人は、中国本土の大学で学士号を取得している。[*2]

この事実は、ほんの数年前までは米中におけるAI分野での人材交流、共同研究が盛んだったことを示している。しかし、近年の米中ハイテク分野のデカップリングによって、共同研究や人材交流は大幅に減少した。

米国は、STEM（科学、技術、工学、数学）学科で中国人への留学ビザの発給規制を実施し、ハイテク分野での交流で規制を強化している。一方、中国側の学生も米国への留学を躊躇《ちゅうちょ》し始めている。名門の清華大学の卒業生は欧米をはじめ海外の大学に留学することが多かったが、同大学が実施した2023年の卒業生7441人の調査によると、留学を選んだのは全体の6・9％、517人に過ぎなかった。

また、AIの共同研究について、中国国際経済交流センター副理事長の朱民が清華大学のオンライン授業で発表した内容によると、米中共著のAI分野論文数は、2020年をピークに2021年から急減している。

これまでは米中の人材交流や研究者の協力によって、AIの発展が促進された。しかし、今後は米中の技術競争が激化すると予想されるため、両国のAI開発にも大きな影響が出てくる可能性がある。

計算リソースの競争

AI基盤モデルのトレーニング・運用には、大量の演算を瞬時に行う必要がある。そのため、GPU（画像処理半導体）のようなAIチップで構成される計算リソースが不可欠となる。

空前のAIブームによって、AIチップをめぐる各国の奪い合いが起きている結果、AIチップは入手困難な状況だ。GPT-4のような基盤モデルの1回当たりのトレーニングにつき、1万枚から2万5000枚のエヌビディア製A100というAIチップが必要となる。

しかし、米国の半導体投資支援を目的とする「CHIPS法」（Creating Helpful Incentives to Produce Semiconductors and Science Act）によって、先端半導体の対中輸出や中国での製造が規制されることになった。

その結果、エヌビディアはＡ１００のようなハイレベルＡＩチップを中国に輸出することができず、演算能力が劣る製品Ａ８００しか輸出できないことになった。しかし、Ａ８００も入手困難なことから、中国ではこれらのチップがメーカー希望小売価格より40％高い25万元（日本円で約５００万円）で流通している。

２０２３年３月、百度は自社生成ＡＩ・文心一言の製品発表会前の追い込み時期に、十分な計算リソースを確保できず、社内にあるＡ１００をすべてＡＩチームに集約させた。そのため、他の開発チームにはＡＩチップを配分できない状況に追い込まれた。

中国企業は規制前にＡＩチップをある程度確保したので在庫があり、当面影響が少ないとの見方もあるが、先端ＡＩチップは常に進化している。米国のＡＩ企業は既にエヌビディア製のＡ１００ではなく、Ｈ１００というさらに性能の高いＡＩチップを調達し始めた。Ａ１００より性能が3倍も高いが、コストは2倍程度で済むという。Ａ１００なら7日かかるＡＩの訓練が、Ｈ１００では、わずか20時間で済む。

日々進化する先端ＡＩチップを入手できない状況が続くと、中国企業の開発スピードに深刻な影響が出るのは間違いないと予想された。米企業にＡＩ開発の急所を握られ、中国側はかなり危機感を抱いたはずだ。

ところが、そんな状況が一変する。２０２３年9月、中国企業に強力な助っ人が登場したのだ。米国の対中経済制裁の主要ターゲットになっていたファーウェイである。

ファーウェイは、ファーウェイ・クラウドの製品発表会の席上、顧客企業にＡＩモデルの訓練に用いることが可能な自社開発のクラウドサービス「Ascend AI」を提供することを明らかにした。そのサービスによって、米国の規制によって入手困難とされているＧＰＵなどの計算リソースを顧客企業に供給すると宣言した。

このサービスは、中国の生成ＡＩモデルの訓練に必要なコンピューティング能力の半分を担うと説明されていることから、ＧＰＵ不足の懸念はある程度払拭できたといえるようだ。

それに加えて、中国は「東数西算」というデジタルインフラを戦略的に推進しており、計算リソースのネックはある程度解消できる見込みだ。東数西算については、第8章で詳述する。

この計算リソース競争では、エヌビディアをはじめ先端半導体企業の技術開発力という強みがある米国に対し、中国は挙国体制によるインフラ整備で対抗しているという構図となっている。

データの競争

大量且つ高品質な学習データは、ＡＩ産業の質の高い発展にとって不可欠であり、ＡＩ

の健全な発展の基礎である。ChatGPTの現在の学習速度では、インターネット上の利用可能な学習データは、2026年までに使い果たし、新たな訓練はできなくなるとの予測もある。データ量の課題の他、学習データの品質確保にも様々な課題が存在する。

具体的に、AIを訓練するための学習データを作るには、収集したデータに関連する情報を注釈として付加する作業、つまり、「アノテーション作業」が必要だが、それには膨大な時間・コスト・労力がかかる。

また、収集したデータの品質の保証も難しい。つまり、データの多様性と公平性の確保、データの取得と使用におけるプライバシーの保護なども留意する必要がある。

証券監督管理委員会科技監督管理局局長の姚前が「中国金融」雑誌で発表した論文で、いくつかのAI基盤モデルの学習データソースを分析している（図表3−3）。AI基盤モデルの学習データソースは、ウィキペディア、書籍の電子データ、学術刊行物、Reddit（掲示板型ソーシャル・ニュースサイト）、コモン・クロール（無料で提供されるウェブデータのクロールデータ）から得られた。

姚はこれらのデータが主に英語で発表されていることを課題として指摘した。つまり、ハイレベルの論文の多くは英語で発表されるため、AI学習用の中国語データの質は欧米と比べて劣ることは否めない。

これに対して、中国は国家データ局を設立し、データ利活用と流通を促進するデータ価

図表3-3 大規模言語モデル訓練用データソース

（単位：GB）

データソース ＼ モデル名	GPT-1	GPT-2	GPT-3	The Pile v1	Megratron-11B	MT-NLG	Gopher
ウィキペディア注1			11.4	6	11.4	6.4	12.5
書籍注2	4.6		21	118	4.6	118	2100
学術刊行物注3			101	244		77	164.4
Reddit注4		40	50	63	38	63	
Common Crawl注5			570	227	107	983	3450
その他注6				167		127	4823
合計	4.6	40	753	825	161	1374	10550

（注1）ウィキペディア：無料の多言語コラボレーションオンライン百科事典である。2022年4月現在、英語版ウィキペディアには40億以上の単語を含む640万件の記事があり、多くは説明的な文字で、内容は厳格で、多くの分野をカバーしている。

（注2）書籍：Project GutenbergやSmashwords（Toronto BookCorpus / BookCorpus）などが含まれ、主にモデルの物語を語る能力や反応能力を訓練するために使われている。

（注3）学術刊行物：海外の有名な論文の予備印刷版サイトarXiv上の予備印刷論文および米国国立衛生研究院などが発行した定期刊行物の論文が含まれる。

（注4）Reddit：すなわちWebText、ソーシャルメディアプラットフォームRedditのすべてのリンクネットワークからスクロールしたデータセットで、テキストスタイルは自由化と非公式化に偏っている。

（注5）Common Crawl：2008年以降のウェブサイト情報を網羅した大規模なデータセットで、元のウェブページ、メタデータ、抽出したテキストが含まれ、そのテキストが異なる言語、異なる分野から来たものである。

（注6）その他：主にオープンソースコードコミュニティGitHubなどのコードデータセット、StackExchangeなどの対話フォーラムの内容とビデオ字幕データセットを含む。

（出所）「中国金融」雑誌：姚前「ChatGPT類基盤モデル訓練データのホスティングとガバナンス」より引用

値化戦略を打ち出し、14億人の巨大市場によるデータ量の優位性も活用して、ＡＩサービスの創出に活路を見出そうとしている。

ＡＩサービスの産業への実装

ＣｈａｔＧＰＴのブームは出始めた頃よりは、やや下火になっている。米国の分析企業SimilarWebは、ＣｈａｔＧＰＴの利用者数を分析したところ、その数は２０２３年４月をピークに３カ月連続で減少していた。

話の相手だけなら、検索エンジン代わりにしか価値を見いだせない利用者も多い。また、実際の業務で使える業種はごく限られるとの声も多く聞こえる。

日経ものづくりが２０２３年７月に実施した「製造業におけるＣｈａｔＧＰＴなど生成ＡＩに関するアンケート調査[*3]」によると、「生成ＡＩをどのように活用しているか」という設問に対して、「テキストの作成・確認」との回答が６割と最も多い。文章で要求すると、社内で配布する資料やマニュアルのたたき台を自動で作成してくれることで、重宝している人も多い。

また、「プログラムの作成・確認」も３割を超えるが、あくまで利用者の業務の一部を手助けする域を超えていない。このままだと、一過性のブームのままで終わってしまう懸念も出てきている。

同年12月、日本経済新聞社が中韓の有力紙と実施した「日中韓経営者アンケート」の記事によると、中国企業の生成ＡＩの活用方法は、日本や韓国と異なる傾向があることがわかった。[*4]

アンケートでは３カ国の企業に「生成ＡＩを社内でどのように活用しているか」を尋ねたところ、共通して最も多かった回答は「業務効率化や生産性の改善」だ。ところが、中国企業の場合、30・０％が業務効率化だけでなく、「革新的な製品・サービスの開発」に使っていると回答し、３カ国の中で最も多かった。

中国の動きで読み取れるのは、ＡＩを単なるブームで終わらせないためのカギは、いかにＡＩで革新的なサービスを生み出せるかにある。百度の会長兼最高経営責任者の李彦宏は、２０２３年の百度クラウド大会で、「ＡＩ基盤モデルそのものは直接的な価値を生み出さない。ＡＩ基盤モデルを活用したアプリこそがモデルの存在意義である」と指摘している。

李は「これはモバイル・インターネット時代と同様で、ＯＳはアンドロイドとｉＯＳしかなかったが、非常に成功したアプリがたくさんあった。ＡＩ基盤モデルの上で十分な数のオリジナルＡＩアプリが生まれることで、健全なエコシステムが形成される」と念押しした。

グローバルなＡＩ開発競争におけるカギは、その国が保有しているＡＩ基盤モデルの数ではなく、そのモデルからどれだけのオリジナルＡＩアプリが生まれてくるか、それらのアプリがどの程度生産性を向上させられるかにある。

つまり、ＡＩ基盤モデルは、モデルそのものの性能（パラメータ数など）の競争からアプリの競争へと進化し、ＡＩが本格的に産業への適用の段階に入ったことを示唆する。今後、産業向けの実装事例を創出できるかどうかは、中国の生成ＡＩのさらなる発展のカギを握ると言える。

中国生成ＡＩ業界の代表事例を概観すると、技術力はまだ米国企業に及ばないが、モバイル・インターネット時代に培った素早い実装能力やマネタイズ能力が、中国企業の強みと言える。

ファーウェイの「盤古」基盤モデル：「AI for Industries」

まだ黎明《れいめい》期の中国生成ＡＩだが、日本と同様、事務作業やプログラム開発の効率化、接客業務の高度化などの応用が多く見られる。その中では、ファーウェイの生成ＡＩモデルの盤古モデルは、異色の存在だ。

２０２３年７月７日、広東省東莞市で開かれた開発者向けのセミナーで、同社は独自の大規模言語モデル（ＬＬＭ）「盤古（Pangu）モデル３・０」を発表した。

図表3-4　ファーウェイの「盤古」基盤モデルのコンセプト

モデル階層	サービス	特徴
L2 シナリオ別モデル	●特定のシナリオに基づき、モデルを訓練することが可能 ●コンベアベルトの異物検出、気象予報等特定の課題に特化したソリューションサービスを提供	特定シナリオに対応
L1 業界別モデル	●オープンデータを利用し、業界汎用のモデルの作成が可能 ●既に金融、製造、薬品R&D、石炭鉱業、鉄道など特定の業界向けに訓練したモデルを開発 ●コンプライアンス遵守、データ安全に対応し、パブリッククラウド、プライベートクラウド、ハイブリッドクラウドなどの形で提供可能	業界横断の課題に対応
L0 基盤モデル	●LLMの性能指標のひとつであるパラメータ数は顧客企業が用途に合わせて100億、380億、710億、1,000億から選べるようになっている ●自然言語、マルチモダリティ、コンピュータービジョンなど基本能力を備えている	汎用的な能力の提供

（出所）HUAWEIの公式サイトよりNRI作成

その発表会では他の企業と異なり、コンテンツや画像生成のデモンストレーションをあえて行わなかった。「AI for Industries」（産業発展のためのＡＩ）という戦略を打ち出し、発表者のファーウェイ・クラウドＣＥＯの張平安は、企業の生産性向上や業務プロセス改善の支援に特化することをめざすと意気込んだ。

盤古は産業用に完全特化したモデルで、企業が導入しやすいようＬ０層（基盤モデル）、Ｌ１層（業界別モデル）、Ｌ２層（シナリオ別モデル）の３層構造を持つ（図表３－４参照）。自然言語、マルチモダリティ、コンピューター・ビジョン、予測、サイエンティフィック・コンピューティングといった５つの基盤モデルをベースに、特定の業界向けに予《あらかじ》め訓練したモデルを提供する。

顧客企業は自社のビジネスニーズに合わせて適切なモデルを選択し、開発、アップグレード、またはチューニングすることができ、多様で変化に富むさまざまな業界ニーズに適応できるという。

７月の発表に続き、ファーウェイ・クラウドは９月20日に開催される自社の年次カンファレンスで、盤古モデル３・０が鉱業、行政、自動車、気象予報、医療、デジタル・ヒューマン、研究開発などの分野で革新的なサービスを創出した事例を発表した。

まず、自動車製造業向けの事例を見てみよう。自動運転の開発においては、様々な複雑な場面を想定してＡＩに学習させせる必要がある。盤古自動車業界モデルは、デジタルツイン空間の構築を通じて、複雑な場面サンプルを生成し、自動運転の学習サイクルを従来の2週間以上から2日に短縮できたという。

具体的に、埃《ほこり》の多い鉱山の環境、アップダウンの長い斜面、大きな曲がり角などのシナリオを設計して自動的にアノテーションが可能としている。現在、新疆と内モンゴルの炭鉱で実際導入され、60トンの大型トラックの横方向の誤差は0・2メートル未満、駐車時の誤差は0・1メートル未満を達成している。

次に、気象予報分野の事例を見てみよう。周知の通り、ゲリラ豪雨の予測は最も困難な作業の一つであり、世界的に豪雨による経済損失は毎年数千億ドルに上る。同社は地球の40年間の気象データと直近10年間の降水データを活用して、3次元地理情報の学習と最適化を通じて、降水量予測能力を持つ新しい盤古気象モデルを開発した。

6時間先と24時間先の短期と中期の降水量予測を実現し、従来と比べて降水量予測精度は20％以上向上した。また、このモデルは、中国国内だけではなく、海外での活用も検討されている。タイには毎年8カ月間の雨季があり、異常気象による被害に苦しんでいる。セミナーでは、タイ気象局（TMD）がファーウェイ・クラウドと提携し、タイ版の盤古気象基盤モデルの共同開発プロジェクトを発表した。

その他、ライブコマースやカスタマーサービスでよく利用されているデジタル・ヒューマンの事例も注目される。盤古モデルは、気軽に自分専用のデジタル・ヒューマンを作成できる。それをライブコマースで活用する場合、チャットや言葉を駆使し、正確かつ流暢《りゅうちょう》に商品を紹介し、視聴者とリアルタイムで対話できるという。母国語で1回トレーニングするだけで、20以上の言語を使えるようになる。

また、個人の利用者の場合、ファーウェイ・クラウドのコンテンツ制作ツール「MetaStudio」のサイトに20秒の個人のビデオをアップロードするだけで、パーソナライズされたデジタル・ヒューマンのビデオを素早く作成できる。これまで3人の開発者が3日間もかかっていた作業が、わずか3分で完了できる。

このように、欧米比べてＡＩ技術の産業界への素早い実装が見られるが、ＡＩモデルのマネタイズがもう一つの課題だ。

百度、アリババ、テンセントのＭａａＳ型ワンストップサービス

一般企業にとって、ＡＩモデルの開発は高度な人材と技術力、質の高い大量のデータ、大量の計算リソースおよび、それを調達するための豊富な資金、さらに膨大な時間を要し、ハードルは決して低くない。

百度、アリババ、テンセントなどのメガテックを中心に、自社開発のＡＩ基盤モデルやサードパーティのＡＩモデルも含め、サービスとして企業の自社システムに組み込みやす

いビジネスモデルを生み出している。いわゆる、ＭａａＳ（Model as a Service）型ワンストップ・サービスである。

ＭａａＳ型ワンストップ・サービスの場合、サービス提供側の作成済みモデルを利用することにより、サービス利用側の企業は少しカスタマイズをするだけで、自社システムに組み込むことができ、開発の手間を省くことができる。モデルのアップデート、メンテナンスはサービス提供者が行うため、適切なモデルを選択することで、最新技術の恩恵を継続して受けられる。

また、企業向けにツール群と開発環境をセットで提供し、企業側の追加開発も容易にできるように支援する。さらに、各種業界のレギュレーションやコンプライアンスに準拠していることをサービス提供者側があらかじめ担保しているため、企業の負担を大幅に軽減し、迅速なＡＩ導入に繋がる。

百度の「千帆」基盤モデル・プラットフォーム

図表３－５は百度が提供しているＭａａＳ型サービスの「千帆」基盤モデル・プラットフォームの全体図だ。自社の基盤モデルの文心一言（大規模言語モデル）、文心一格（ＡＩアート創作支援）のほか、サードパーティが開発したＧＬＭ、LLama2などのモデルも併せて提供する。

図表3-5　百度クラウドの「千帆」基盤モデル・プラットフォーム

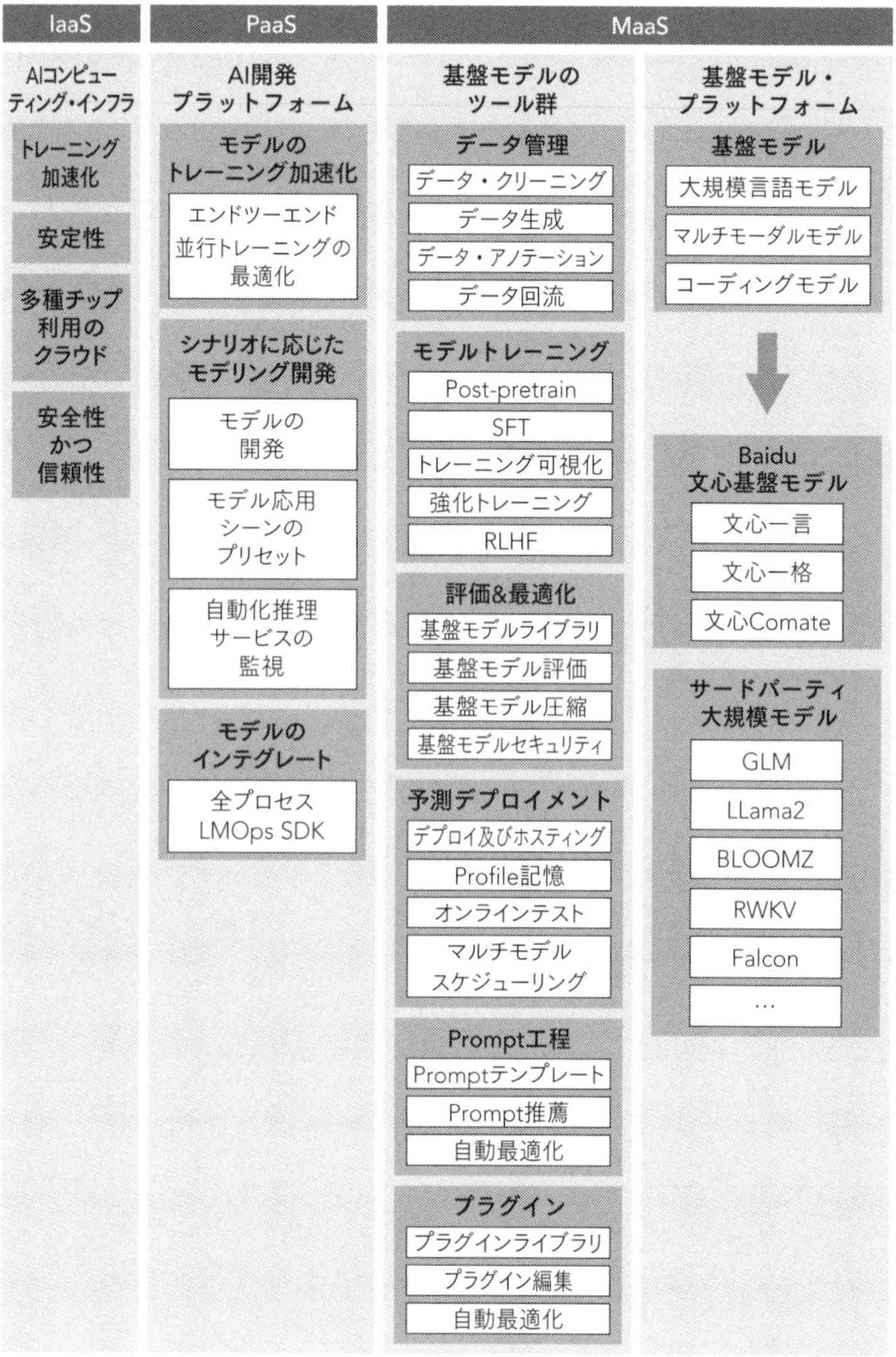

（出所）世界人工知能大会，百度グループHPよりNRI作成

App Storeからアプリをダウンロードするのと同じように、企業が「千帆」基盤モデル・プラットフォーム経由で自社に最適なＡＩモデルを選択することが可能だ。そのうえ、百度が基盤モデルのツール群、ＡＩ開発に必要なプラットフォームおよびＧＰＵなどのコンピューティング・インフラも併せて提供し、企業の導入を容易にしている。

アリババの「通義千問」ＡＩ基盤モデル

２０２３年4月11日、アリババは「通義千問」ＡＩ基盤モデルを発表した。主に多ラウンド対話、コンテンツ作成、論理的推論、マルチモーダル（テキスト、音声、画像など）対応、多言語サポートなどの機能がある。

まず自社の主力事業のｅコマース（T-mall、Taobaoなど）やスマートオフィス（DingTalk）、生活サービス（フーマーなど）、スマートモビリティ（高徳地図）などの自社事業にその能力を組み込んでいく。将来、他の企業に提供し、企業が独自のＡＩモデルを開発できるように支援していく。

発表会では、通義千問によって10種類以上のＡＩの新機能が新たに付与された「DingTalk」のデモが行われた。詩や小説の創作、Ｅメールの作成、プロモーション企画の文案の作成などの事務作業のサポートができる他、瞬時に議事録を作成し、自動的に要約してToDoリストを作成することもできる。

会議だけではなく、グループチャットの未読メッセージの要点を自動的に要約することができ、メッセージを読み落とす心配も減り、仕事の効率を大幅に向上させられる。さらに、機能要件を写真に撮ってアップロードするだけで即時に料理を注文するアプリのコードを生成することができ、仕事のスタイルを根本から変える可能性を感じさせた。

同年6月に就任したアリババグループ会長の蔡崇信（ジョセフ・ツァイ）は、アリババ・クラウドの2023年の年次カンファレンス雲栖大会（Apsara Conference）のオープニング挨拶《あいさつ》で、こう語った。

「アリババが、AI時代の最もオープンなクラウドを作る。AIの開発と利用をより容易かつ安価にし、すべての産業、特に中小企業がAIを優れた生産力に変えられるよう支援する」

アリババのMaaS型サービスには、通義千問AI基盤モデルシリーズとそれをベースにした企業向け専用AIモデル、国内初のMaaSオープンプラットフォーム「ModelScope」コミュニティが含まれる。

「ModelScope」コミュニティは2023年11月現在、2300以上の高品質なオープンソースAIモデルを集めている。開発者数は280万人を超え、AIモデルのダウンロード数が1億回超、中国最大規模のAIモデル・コミュニティとなっている。

その他、同年12月までに、アリババ・クラウドは、各パラメータ数が18億、70億、

140億、720億の4種類の通義千問の大規模言語モデルと、2種類のマルチモーダル大規模モデルをオープンソース化している。その累計ダウンロード数は150万回を超え、150以上の新しいモデルとアプリを生み出した。

テンセントの業界別AIモデル

テンセントの場合、AIオープンプラットフォームを通じて、自社のAIモデルを多くの企業に提供している。顧客企業は独自のシナリオ・データを追加するだけで、自社専用のAIモデルを迅速に生成し、実際のビジネス・シナリオの要件に合わせて低コストで可用性の高いAIモデルを開発できる。

既に金融、観光、行政、メディア、教育など10以上の業界の主要顧客と共同で50以上の業界のAIモデルを作成した。例えば、ある大手証券会社の投資サービス部向けに、世論データ分析業務をサポートするAIモデルを開発し、ピーク時にこのAIモデルを活用する回数は、1日当たり1億回に上り、業務革新に大きく寄与した。

モバイル・インターネット時代に、テンセントは自社のビジネスインフラの WeChat プラットフォームをオープンし、DiDiのような配車サービス、京東のようなネット通販サービスをミニプログラムという形で、WeChat プラットフォームを経由して簡単に WeChat の利用者に提供できるようになった。[*5]

中国企業は、モバイル・インターネット時代に培った成功体験をＡＩ時代でもう一度複製しようとしている。これがうまく実現できれば、モバイル・インターネット時代同様、ＡＩ産業の発展は飛躍的に加速するだろう。

標準化と生成ＡＩサービス管理暫定弁法

ＡＩモデルの産業化に向けて、百種類のモデルが激しい競争を繰り広げる中、中国は官民連携して、標準化の策定に乗り出した。２０２３年7月に上海で開催された世界人工知能大会では、国家標準化管理委員会の指導の下、中国初の「ＡＩモデル標準化タスクフォース」が組成された。

百度、アリババ・クラウド、ファーウェイ・クラウド、アイフライテック、３６０、チャイナモバイルといった業界をリードする6社と連携したＡＩモデルの国家標準策定の検討が始まった。

国家標準は、概念や用語などの定義のみならず、システムのフレームワークなどの標準化により、データの共有化、産業への応用、人工知能産業の健全な発展を促進することを目的としている。標準化の推進につれ、中国独自に開発したＡＩ基盤モデルの産業領域への実装がさらに加速すると見込まれる。

ＡＩ産業の健全な発展には、日進月歩の勢いで進化するＡＩなどの技術の利用に関する法規制の整備とガバナンスの高度化の両面が必要だ。生成ＡＩが、人々に利便性をもたらす半面、新たなリスクも潜んでいることは世界共通の認識となっている。

中国では、詐欺グループがＡＩ技術を活用して顔と音声をすり替え、被害者の知人になりすまし、わずか10分で４３０万元（日本円で約８６００万円）を詐取した事件も起きている。こうしたリスクへの対応が急務となっている。

中国は世界的にもいち早くこの分野の規制を整備している。２０２２年３月１日と２０２３年１月10日に、インターネット情報サービスにおけるアルゴリズム推薦管理規定とインターネット情報サービスのディープ・シンセシス管理に関する規定をそれぞれ施行した。

例えば、消費者の購買データの分析に基づき、ＡＩアルゴリズムによって支払い能力が高い消費者には高い価格帯の商品を表示する、いわゆる〝お得意さまになるほど損をする〟ということが中国のネット販売で起きている。アルゴリズム推薦管理規定は、利用者の取引習慣や嗜好等に基づき、ＡＩが利用者に不利な取引条件を設定することを防ぐものだ。

ディープ・シンセシス技術とは、ディープラーニング（深層学習）やバーチャルリアリティなどの生成合成型アルゴリズムを用いて、コンテンツ、画像、ビデオ、仮想現実などのウェブ情報を生成する技術である。

図表3-6　中国のAI関連法規制

準拠法

『サイバーセキュリティ法』	『データセキュリティ法』
『個人情報保護法』	『科学技術進歩法』

▼

AI関連法規制

「インターネット情報サービスにおけるアルゴリズム推薦管理規定」
（2022年3月1日施行）

「インターネット情報サービスにおけるディープ・シンセシス管理規定」
（2023年1月10日施行）

「生成AIサービス管理暫定弁法」
（2023年8月15日施行）

（出所）中国国家インターネット情報弁公室、国務院、公開資料に基づきNRI作成

シンセシス技術は悪用されると、なりすまし、詐欺や偽の有害な情報の拡散に使用することもでき、国家の安全や社会の安定に脅威をもたらす。

ディープ・シンセシス規定は、技術を利用して、中国の法律で禁じられている情報を生成したり拡散したりしないよう義務付ける他、サービス提供者がユーザーの身元を確認する本人認証システムや、ユーザー登録システム、アルゴリズムのメカニズム評価システム、データのセキュリティ、緊急対応と倫理審査のような管理システムを実装する必要があることなど、サービス提供者の義務を規定して

いる。

さらに、ＣｈａｔＧＰＴがブームとなったわずか数カ月後の２０２３年4月13日、国家インターネット情報弁公室は「生成ＡＩサービス管理弁法（意見招集版）」を発表した。各方面から集めた数千もの意見を踏まえ、7月10日に国家インターネット情報弁公室等中央7省庁は、「生成ＡＩサービス管理暫定弁法」を発表し、8月15日正式に施行した。

4月の管理弁法（意見招集版）と比べ、弁法の名称に「暫定」を付けて、柔軟に変更する可能性があると示唆する他、「ガバナンス」のトーンを弱め、生成ＡＩの発展と安全が同様に重要であることを明記した。

当該暫定弁法は、中国国内でのサービス提供に当たり守るべき点や罰則を定めた。生成ＡＩ技術を利用し、中国国内の公衆に対し、テキスト、画像、音声、動画等のコンテンツを生成するサービスを提供することに対し適用される。他人が開発・提供する生成ＡＩを、ＡＰＩなどを介してそのまま、または加工などをして提供する者も規制の対象とする。

一方で、生成ＡＩ技術を研究・開発・応用する業界組織、企業、教育・科学研究機関、公共文化機関、関連専門機関などは、公衆に生成ＡＩサービスを提供しない場合、本規定の適用対象外とする。

生成AI規制のスタンス

弁法の名称に「暫定」をつけていて、柔軟に変更する可能性があることを示唆している他、技術の限界に配慮している。例えば、社会主義制度の打倒や国家分裂を煽《あお》るなど法律で禁止される内容を防ぐためのフィルタリング機能を備える必要があると規定するが、一方で、「透明性と生成コンテンツの正確性・信頼性を向上させるための効果的な措置を講じなければならない」という表現にとどまっている。

また、画一的にではなく、慎重な分類・等級付けの監督も方針として取り入れた。イノベーションと発展を奨励するための効果的措置を講じ、生成AIサービスに対し寛容かつ慎重に分類・等級付け監督を実施すると明記している。すべてのアルゴリズムを申告する必要はなく、世論に影響を与える属性や社会動員能力を持つものに限定される。

イノベーション促進の一面も

生成AIサービスの規制と産業推進のバランスを図ろうとしている。

生成AIのアルゴリズム、フレームワーク、半導体、関連ソフトウェア・プラットフォームなどの基盤技術の自主革新を奨励している。

イノベーション促進の一環として、公共データの分類を推進し、高品質の公共訓練データ資源を整備する他、安全で信頼性の高い半導体、ソフトウェア、ツール、コンピューティング・データ資源の採用を奨励する政策を打ち出した。
また、対等かつ互恵的立場で国際交流・協力を行い、生成ＡＩに関する国際ルールの制定に参画を促している。

米中の狭間で

中国の生成ＡＩの発展には様々な課題が存在しているが、巨大な市場、豊富な応用場面と多くの参入企業により、大きく発展する可能性を秘めている。ＡＩサービスは、スマートフォンと同じように、ネットや業務への入り口となりえることがＣｈａｔＧＰＴブームによって実感させられた。

ＡＩの開発をめぐって米中間で国家の威信をかけた熾烈な競争が繰り広げられている中、中国は技術の自主開発とデジタルインフラの整備を持って、危機を乗り切ろうとしている。計算リソースについてファーウェイが自社開発したクラウドサービス「Ascend AI」といった企業努力が実を結んでいる他、国家主導で「東数西算」の巨大プロジェクトも着々と推進している。

ＩＣＴ分野の有力シンクタンク、中国信息通信研究院の統計によると、２０２１年の中国のコンピューター設備の演算能力の供給規模はこの5年間で年平均50％以上の増加を維持し、世界の33％を占める。うち、インテリジェント演算能力は１０４ＥＦＬＯＰＳに達し、前年比85％の伸びを示した。

ＡＩサービスやそれを支えるデジタルインフラは、経済安全保障にも影響するほど重要性が増している。日本も、日本発のＡＩ基盤モデルの開発やデジタルインフラの整備に力を入れていくべきではないだろうか。

＊1　朱民「ＡＩ２・0とグローバリゼーションの未来―米中間の競争と戦略」（中国清華五道口オンライン授業２０２３年特別レクチャー）。

＊2　智譜研究「ChatGPT-team-background-research-report」２０２３年2月。

＊3　日経クロステック記事「ChatGPT など生成ＡＩに関する調査、意外に目立った「検索エンジン代わり」」（2023.07.19）ニュース配信サービス「日経ものづくりＮＥＷＳ」の読者を対象に、アンケート用ＵＲＬを告知した上で回答を依頼。２０２３年7月3〜10日に実施し、２１９の回答を得た。

＊4　「〈日中韓経営者アンケート〉「ＡＩで開発」中国が積極的」（https://www.nikkei.com/article/DGKKZO77712810W4A110C2FFJ000/）。

＊5　ミニプログラムの詳細は、李智慧『チャイナ・イノベーション　データを制する者は世界を制する』第3章参照。

「一帯一路フォーラム」で国賓へのプレゼントに選ばれた
ファーウェイのスマートフォン「Mate X5」（筆者撮影）

第 2 部

ハイテク分野の「鉄のカーテン」とチャイナ・イノベーション

ボトルネック技術は、中国語では一般的に「首絞め技術」と呼んでいる。生産に不可欠な技術が入手できなければ、お手上げとなり、企業の首が絞められるだけではなく、場合によっては産業全体の発展の道が断たされる。では、一連の米国によるハイテク技術の対中輸出制限は、中国企業の死命を制することができたのだろうか。

第2部では、米国の制裁に中国がどう対応してきたのかを検証し、衛星測位システムの米GPSに対抗する中国の「北斗」をはじめ、太陽光発電やロボット生産など、世界を二分する技術大競争時代を展望する。

第4章 技術包囲網の突破に挑む中国

屈服したZTE、反撃するファーウェイ

中国のハイテク技術に対する米国の警戒は、「中国製造2025」が策定されたことが転機となった。2015年に発表された「中国製造2025」の行動計画は、自動化技術、半導体、自動運転などの分野で中国の競争力を確立することを目的としていた。これに加え、高速大容量の通信規格5G領域で初めて米国を凌駕《りょうが》する中国企業ファーウェイが現れ、米中ハイテク戦争に火がついた。

米国は先端半導体およびその製造装置の対中輸出を規制し、多数の中国テック企業をエンティティ・リストに掲載して、技術や製品の入手を阻んだ。米国の技術を含む製品の輸出制限を同盟国にも同調させ、ハイテク分野の新冷戦が世界各国を巻き込む形で進行中だ。

真っ先に米国の制裁を受けた中国企業が通信機器メーカーのZTEだった。同社は二十数億ドルに上る巨額賠償金を支払ったうえ、社内に米国のコンプライアンス・コーディネーターを常駐させて世界中の子会社、関係企業を含めて、関連規定を順守するための監査・評価を受け入れるという屈辱的な条件をのまされた。

米国市場から締め出され、先端半導体の供給を断たれたZTEはそれ以降、成長の勢いをすっかり失ってしまう。同様に米国から制裁を受けたファーウェイも制裁直後、携帯電話事業からの撤退を余儀なくされ、業績も大幅に悪化した。

デジタル技術とグローバリゼーションの結合がもたらした世界の「フラット化」の時代には、米国の基本ソフトや先端半導体などの基盤の上に、中国は豊富なIT人材と広大な市場を背景に応用場面の創出と社会実装に注力して、チャイナ・イノベーションを開花させてきた。

ところが、米国の戦略転換によって、中国はコモディティ商品とみていた半導体チップをはじめ、数々の製品が入手できなくなり、自力で関連技術をゼロから開発せざるを得なくなった。中国は先端領域におけるイノベーションの道をこれで断たされるのだろうか。こうした議論に入る前に、近年、中国が置かれている状況を見ておく。

35のボトルネック技術とＣＨＩＰ４による中国包囲網

近年、米国はハイテク分野を中心に技術・人材・資金面で中国に対して様々な圧力を掛けてきた。

２０２０年、中国科学技術部の機関誌「科技日報」が報じた米国の制裁によってボトルネックとなっている35個の技術が話題を呼んだ。[*1] この35個の技術は中国国内では製造できないもので、輸入が止められると製造に支障をきたす製品やソフトウェアだ。米国やその同盟国の企業が圧倒的なシェアを持つもので、半導体生産技術の他、広範囲な分野にわたっている。

マイクロソフトとアップル、グーグルの独壇場となっているパソコンとスマートフォンのＯＳ、工学分野で必須のプログラム、米国と欧州が独占している航空設計ソフトウェアなどの工学ソフトウェア、オラクル、ＩＢＭ、マイクロソフトなどが掌握しているデータベース管理システム、航空機エンジン、日本が独占している産業ロボット用触覚センサー、米国企業が独占している携帯電話の無線周波数装置などだ。

米国は、こうした西側が押えている技術分野の大半を対中規制の対象にして圧力を強めている。逆に中国側からすると、弱い分野を狙い撃ちにされている形だ。

例えば、２０１９年以降、米国は通常兵器および関連汎用品・技術の輸出管理に関する規制である「ワッセナー・アレンジメント」[*2]を通じてオランダからの最先端ＥＵＶ（極端紫外線）露光装置の中国向け輸出を規制した。中国企業の半導体製造能力の拡大を阻止することが狙いだ。

さらに米国政府は、２０２０年12月以降、中国半導体大手の中芯国際集成電路製造（ＳＭＩＣ）への米国企業による10ナノ以下の半導体向け装置の販売を禁止した。２０２２年7月には、14ナノ以下にも規制を拡大した。

２０２２年に入ると、米国は「ＣＨＩＰＳおよび科学法（ＣＨＩＰＳプラス法）」の施行とそれに伴う在中外資半導体企業への規制と半導体製造装置を中心とした対中半導体関連輸出管理の強化を打ち出した。

これによって、中国国内での半導体生産拡大を目的とした装置の確保を困難にし、半導体産業の生産回復を遅らせただけでなく、長期的な成長に深刻な影響を与えた。

中国を対象に米国が主導しているデリスキング（リスク低減）の動きも一段と強まっている。サプライチェーンの強靭《きょうじん》化を目的に、米国と友好国の中で取引の完結をめざすフレンド・ショアリング強化の動きも活発化している。

中でも、半導体分野での枠組みであるＣＨＩＰ４（日米韓台半導体同盟）の強化に向けた議論が注目される。ＣＨＩＰ４は２０２２年9月に予備会議を開いた後、２０２３年２月16日にオンラインで初の本会合を開き、中国を念頭に半導体生産の協力体制の強化に向けて動いている。

こうした動きを受けて、台湾のＴＳＭＣ（台湾積体電路製造）が、米国、ドイツ、日本で半導体工場の建設を進めている。特に日本では２０２４年２月に開所式を行った熊本県の第一工場に続き、第二工場の建設計画も明らかにしている。

米国は、中国の半導体産業のさらなる発展を阻止するために対中規制を一層強めているが、米国以外の国々もそれに追随するなど、中国包囲網の動きが広がっている。

拡大するエンティティ・リスト

米国の中国企業に対するエンティティ・リストは拡大する一方で、中国企業には大きな障害となっている。ファーウェイ以外に、既に６００社以上の中国企業や団体が米国のエンティティ・リストに掲載されている。

エンティティ・リストとは、米商務省産業安全保障局（ＢＩＳ）が発行する「特定の外国人、団体、または政府」に対する貿易制限リストだ。エンティティ・リストに掲載されると、一部の米国の技術を含む特定の品目の輸出または移転について米国の許可が必要となる。

１９９７年、大量破壊兵器の拡散に関与している団体を国民に知らせるために初めて公表されて以来、「国務省によって認可された活動、および米国の国家安全保障および／または外交政策上の利益に反する活動に従事する事業体」を含むように定義が拡大されている。

600社の中国企業すべてが米国の安全保障に脅威を与えているとは思えず、科学技術分野への乱用であるとして中国側は批判している。

リストで目立つのが、AI研究に従事する企業だ。AIチップ設計の中科寒武紀科技(Cambricon Technologies)、メモリ半導体の長江存儲科技(YMTC)、AI音声認識大手のアイフライテック(科大訊飛)、画像認識のメグビー(曠視科技)とセンスタイム(商湯集団)、コンピュータービジョンや音声認識のYITU(依図科技)、AIスタートアップの北京第四範式智能技術など、中国の有力AI企業が軒並みリストに追加された。

長江存儲科技が国家安全保障上の脅威と見なされていることに疑問を呈する人もいる。米コンサル会社デトンズ・グローバル・アドバイザーズのシニアバイスプレジデント、ポール・トリオロは、次のように語っている。

「長江存儲科技の追加は、ファーウェイやハイクビジョンという登録済み企業にメモリを供給していることを主な理由としているが、最先端でもない民生向け端末用汎用半導体の提供が国家安全保障上のどのような問題となるのか説明していない[*3]」

制裁によって長江存儲科技の競合他社にチャンスを与えることになった。マイクロン、SKハイニックス、サムスンなどの競合他社は、より先進的なフラッシュメモリー製品を発表している。

例えば、SKハイニックスの最新の321層4DNANDフラッシュメモリー試作品は、長江存儲科技が先に発表した232層の製品と比べて単位容量が41%増加し、遅延が13%低下、性能が12%向上したうえ、消費電力が10%低下している。長江存儲科技は技術面で競合に追い越された結果、市場シェアの低下でも打撃を受けている。

高性能生成AI開発が困難に

2023年10月17日、7ナノ相当の半導体チップを搭載したファーウェイの最新機種の発表を受け、米商務省産業安全保障局はその1年前に施行した中国向け半導体関連の輸出管理規則を一部改定した。

この改定で、輸出管理の対象とする半導体製造装置の種類が拡大され、輸出できる先端半導体のさらなる制限と中国以外の国への輸出も管理対象に含むなどの措置が追加された。改定前はAI半導体を扱うエヌビディアは規則に該当する製品よりもわずかに仕様を落とした製品（A800）を中国に輸出していたが、改定によってそれら製品も輸出できなくなった。

改定の発表当初、30日間の猶予期間を設けていたが、米政府は突然、その方針を転換し、発表された6日後の10月23日、改定が即座に発効すると宣言した。

この米国の新たな措置は、高性能生成ＡＩ開発の可能性を封じ込める意図を持っている。それまで中国ＡＩ企業は、大規模なＡＩ基盤モデルをエヌビディアなどの高性能ＡＩチップ上で学習させていた。改定の発効後、中国企業が入手できる半導体チップではＡＩ基盤モデルの効率的な訓練は困難になったとみられる。

半導体製造装置も同様だ。オランダの半導体メーカーＡＳＭＬは２０２３年第３四半期に売上の46％を中国からの駆け込み需要から得ていた。米国と歩調を併せた対中半導体輸出規制の実施後の同年第４四半期には、同社の中国向け輸出比率は39％にまで減少した。ＡＳＭＬは、すべてのＥＵＶ露光装置と大半のＡｒＦ液浸露光装置の中国への輸出をストップした。

その結果、すでに輸入していたＡＳＭＬ製品の在庫が尽きると、中国のＡＩ企業は数世代遅れの国産半導体チップに頼るしかない状況に追い込まれることになる。

さらに、この改定によって高性能ＧＰＵを手掛けるスタートアップ企業にも新たな制裁が加えられた。上海壁仞智能科技（ビレン・テクノロジー）と摩爾線程（Moore Threads）、その関連会社など計13の中国企業がエンティティ・リストに追加された。

米国による中国企業への多分野にわたる苛烈な輸出規制は、ハイテク分野の新たな「鉄のカーテン」といえる。

「石器時代にまで戻す」

米国は、ＳＴＥＭ（科学、技術、工学、数学）学科の中国人への留学ビザ発給規制や米中ハイテク分野の交流に関する規制を強化している。清華大学元副学長の施一公によれば、同大学の学部卒業生の年間２５００人のうち、１７００人近くが海外留学を選択し、うち95％が海外に残って働くことを選んでいた。

これは２０１５年以前の話であり、現在は米国の規制によって中国の若手人材が米国に渡って学んだり、研究や人材交流をしたりする道が閉ざされている。その結果、彼らがステップアップするスピードが遅れ、中国のハイテク分野の発展に打撃となっている可能性もある。

大学だけではなく、企業に勤務している先端人材のデカップリングも起きている。米商務省産業安全保障局は２０２２年10月７日、輸出管理規則を改正し、中国向け半導体関連規制を強化する方針を発表した。

この規制強化によって、米国人（米国市民権や永住権を有する者も含む）の中国半導体企業への就労が実質的に禁止された。このため、米国籍の技術者や米国の永住権を有する中国人エンジニアらは、帰国か、それとも米国籍離脱かの選択を迫られた。結果として、米国籍、米国市民権を有する技術者の中国半導体企業からの離職が相次いでいるという。

実は、中国半導体メーカーには多くの米国人が高い地位で研究開発職や管理職として勤務しているが、その多くは中国生まれであり、大学卒業後、米国に留学して博士号を取得し、米半導体企業や装置メーカーに勤務経験のある先端人材である。

彼らは米国に家族がいて、資産や生活基盤もすべて米国にある場合が多い。一度、米国籍から離脱して中国籍になると、再び米国籍を取得することは短期間では極めて困難だ。そのため、離職に踏み切っているようだ。

米国の後を追う中国半導体産業の発展は、人材がすべてと言っても過言ではない。公開情報はあまりないが、米国の規制強化が中国半導体産業に大きな打撃を与えたことは間違いない。

「米国が中国の半導体産業を石器時代にまで戻そうとしている」

英フィナンシャル・タイムズ紙が報じた表現だが、それも大袈裟《おおげさ》とは言えないほど、中国半導体産業は苦境に立っている。

2023年後半、ファーウェイは先端半導体チップを発表したが、製造工場を公開しなかった。米国の制裁への警戒感が強いことの証しだ。

米系資本の撤退

中国のデジタル産業の成長では、外国資本の果たした役割が大きい。だが、近年、米国による対中規制はモノだけでなく、カネの流れにまで及んでいる。

先端半導体やＡＩ、量子技術など先端分野では、中国企業に対する米国企業・個人による投資を禁じる大統領令に加え、超党派イノベーション法（Bipartisan Innovation Act）[*4]によって米系資本は一層対中投資に慎重な姿勢をとっている。

制裁対象になっているＡＩ大手のセンスタイムの香港市場の株価は２０２２年６月30日、一時51％安と暴落した。新規株式公開（ＩＰＯ）後の株式売却を制限するロックアップ期間が前日に終了したことから、米系資本が一斉に売却に走ったためだった。

中国政府は独占禁止法を改正し、アリババやテンセントなどのプラットフォーマーを念頭に企業への規制強化を進めている。こうしたことも、海外からのデジタル産業への投資に大きな影を落としている。

資金面での米中デカップリングによって、存在感を増しているのが政府主導のファンドだ。撤退する外資に代わって、その穴を埋める役割を果たしているようだ。

清科集団（Zero2IPO Research）のレポート「２０２３年上半期の中国エクイティ投資市場発展概況」によると、２０２３年上半期の中国のエクイティ市場における外貨建てファンドは大幅に減少しており、前年同期比54・9％減の23本、投資金額は同35・4％減の422億2800万元だった。

代わりに存在感を増しているのは人民元建てファンドで、3266本で投資金額は6919・17億元だった。新規ファンドのうち、国有資本を背景に持つ企業が運用するファンドの規模が全体の過半数に上っている。

デジタル技術分野の米中比較

デジタル技術分野において米国は依然として世界トップの実力を持っている。ここでは、この分野でのイノベーションの実力と人材の観点から、米中の実力を比較する。

研究開発力で米国を猛追する中国

デジタル技術分野の論文や特許の量的・質的比較から見ていく。

2023年1月16日、アリババ傘下の研究機関アリ研究院と清華大学コンピューターサイエンス学科の関連企業「智譜AI」の共同で、「2023年グローバル・デジタル技術発展研究レポート」が発表された。

このレポートは、清華大学の「AMiner」という科学技術インテリジェンス・ビッグデータ・マイニングとサービスの膨大なデータに基づいて分析したものだ。その研究データは、論文検索、学者の評価、専門家の発掘、知的人材、ナレッジマップ、トレンド分析などの科学技術インテリジェンスの専門サービスに活用されている。

2006年の開設以来、このサービスには世界220の国・地域から1000万件以上のアクセスがあり、多くの技術者に活用されている。因みに、このレポートは、専門家の指導の下で分析対象のキーワードリストを作成し、2012年1月から2021年12月までの10年分の論文を対象に分析したものだ。全世界の約1億4000万人の学者、3億2000万本の学術論文、6億8000万件の特許をカバーしている。

デジタル技術分野の論文の量を見ると、中国と米国は大きな差はない。米国の論文数(52万5794本)は中国の論文数(50万6775本)より少し多いが、中国の平均被引用回数は米国より4回多いことから、中国のデジタル技術論文の全体的な影響力は米国とほぼ同等と言える。

論文の質では、ある分野で世界的に引用された論文の上位1%は「トップ1%論文」と呼ばれ、その分野の優れた学術研究成果を代表する。論文の質を測る指標として、「トップ1%論文」はよく使われている。

デジタル技術分野の中国のトップ1%論文数は7096本で、米国の9634本を大きく下回った。平均被引用回数も米国の312回に対し、中国は202回にとどまった。た

図表4-1　引用されるトップ1%論文数の推移（2012－2021年）

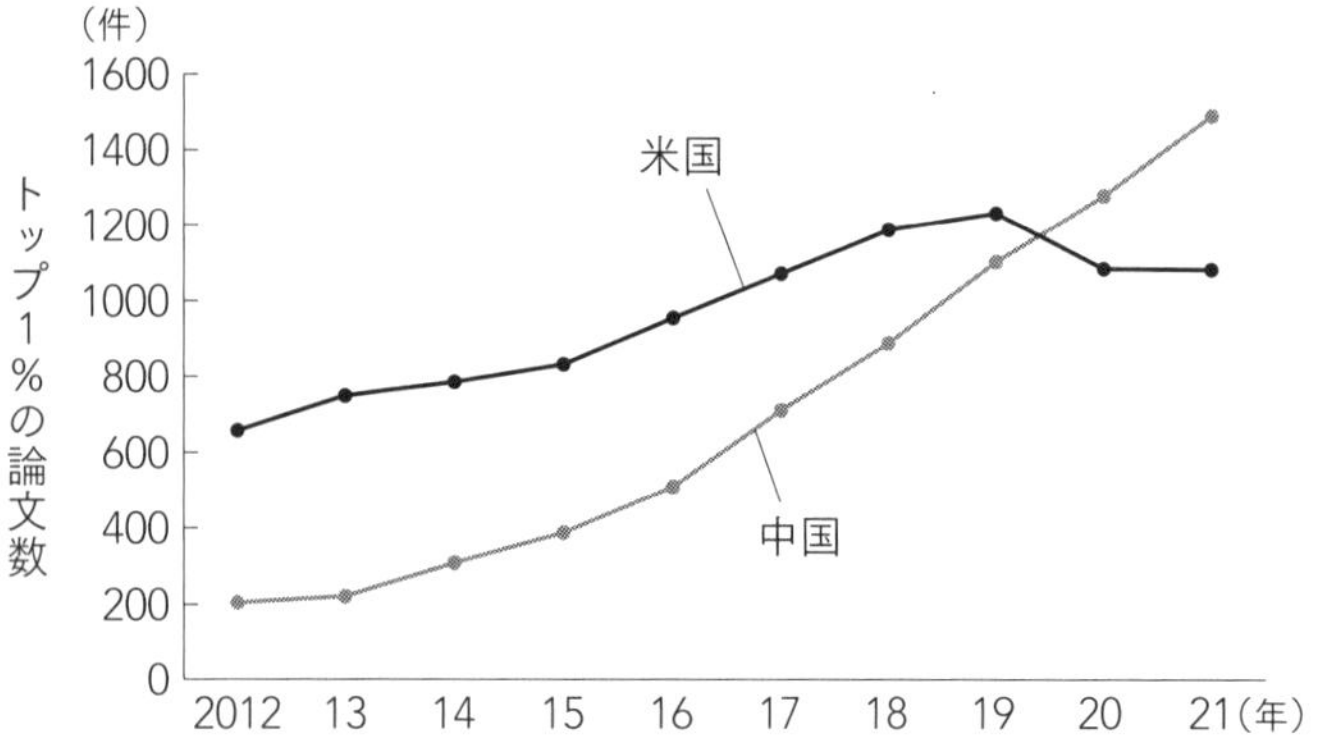

（注）論文は2012年1月から2021年12月までの期間に検索
（出所）AMiner 科学技術情報プラットフォーム

だ近年、トップ１%論文数では中国がリードするようになっている。２０２１年には中国が１４８９本だったのに対し、米国は１０８１本で、中国が４０８本上回った。２０２０年は中国が１９４本リードしていたので、１年でその差は倍に拡大したことになる。

一つ見落としていけないのは、これらの論文の発行元だ。米国は大学をはじめ研究機関が多いのに対し、中国は国有研究機関の中国科学院（ＣＡＳ）が突出している。

中国科学院が５・９万本を発表して世界のトップに立ち、第２位の米国のカリフォルニア大学４・９万本を大幅に上回っている。トップ１%論文数を見ても、最多のカリフォルニア大学１５５０本に次いで、中国科学院が１３０９本で２位となっている。

中国科学院は、11の分院、１００以上の研究所、130以上の国家レベルの重点実験室と研究センターを擁し、正規職員6万9000人以上、大学院生7万9000人を抱える巨大な科学研究・学術機関である。米国による半導体や宇宙開発などの技術封鎖に対抗する国を挙げての研究拠点の一つである。

次にデジタル技術の特許を比較してみよう。デジタル技術の特許数では、中国が世界首位を独走中だ。特許数は計38万7989件に上り、第2位米国の2・9倍、2位以下の9カ国の合計の1・6倍となっている。

トップ10に入る特許の出願元は、中国が半分を占め、百度、電力企業の国家電網、テンセント、平安科技、ファーウェイがランクインし、中国企業の総合的な研究開発能力が世界の上位にあることを示している。

ただし、特許の質について、次の二つの評価軸から見れば、中国はまだ米国と比べ大きく後れを取っている。一つ目は、価値評価100万ドル以上の「高付加価値特許」の数だ。中国は1650件で、米国の1万2859件、日本の3718件、韓国の2111件に次いで世界第4位である。

もう一つは、特許の評価価値の分布だ。中国が所有する特許の多くは1万ドルから3万ドルの低価格帯にあり、件数は26万3569件と米国の8倍以上だ。しかし、30万ドル以上では、米国が逆転する。30万ドルから60万ドルでは、米国は1万1161件で中国の3・7倍、60万ドルから300万ドルでは中国の5倍、300万ドルから2000万ドル

図表4-2　米中特許の価値分布図（2012－2021年）

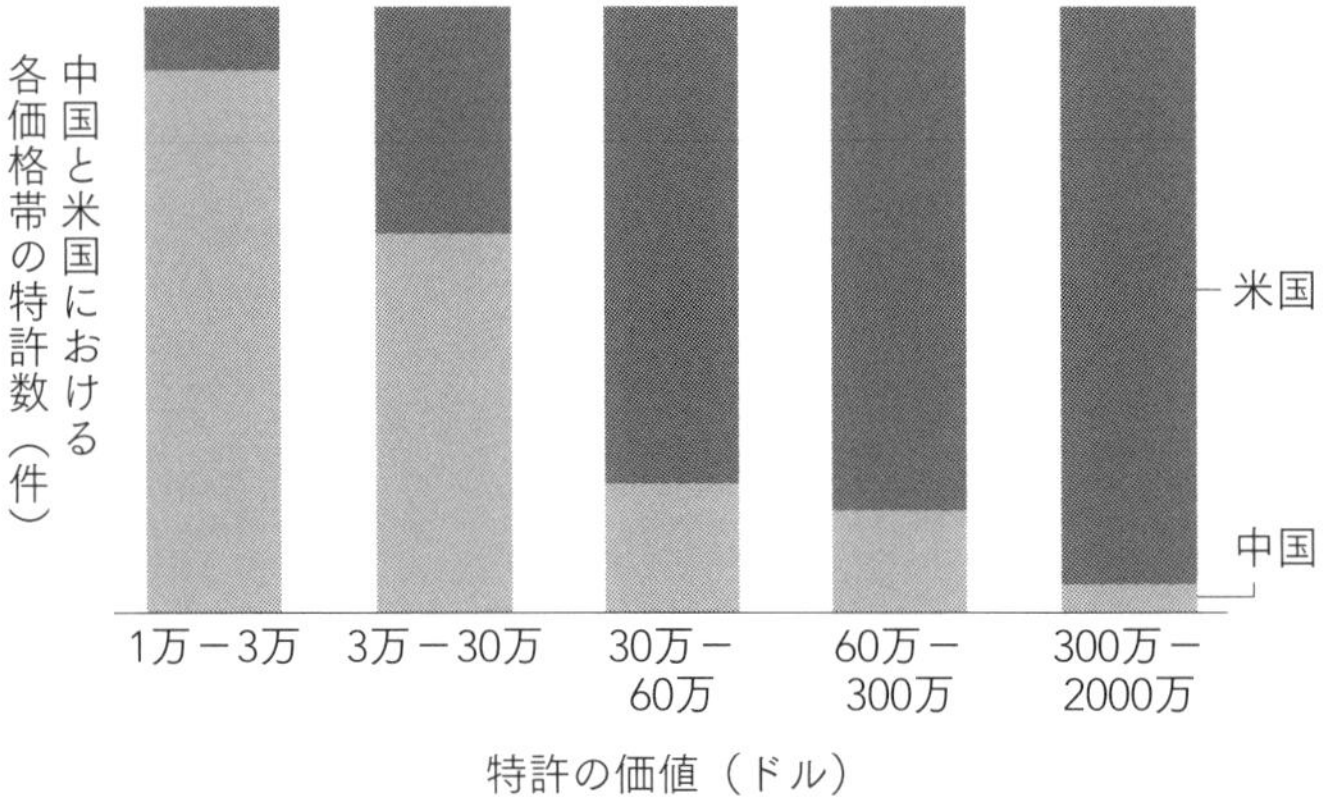

（注）論文は2012年1月から2021年12月までの期間に検索
（出所）AMiner 科学技術情報プラットフォーム

では、中国の20倍である。特許の価値が高いほど、米国の優位性は明らかだ（図表4－2）。

まとめると、デジタル技術分野では米国が重要技術の対中優位を維持している一方、中国は量で米国を上回り、質ではその差を縮めて、猛追している。また、一部の領域では米国を上回る傾向もみられる。一つ例を挙げると、スマートシティやスマート工場などで活用されているデジタルツイン技術について、中国は世界をリードするようになっている。関連特許を4283件保有し、世界の半分以上を占めている（2023年1月時点）。

人材力は質量とも米国に及ばず

中国が米国との差を縮めることができるかどうかは、人材次第だ。中国の現状は、人材の数では十分だが、ＡＩや半導体など先端分野の人材は十分とは言えない。他方、米国は世界で一番豊富な人材を抱えている。半導体では、人材が中国のボトルネックとなっている。特に需給のマッチング、即戦力、専門性では米国に後れを取っている。

電子情報産業発展研究院が中国半導体産業協会などと共同で発表した中国ＩＣ産業人材発展報告（２０２０－２０２１年版）によると、２０２０年の半導体産業の直接従事者は約54万１０００人で、前年比５・７％増加した。しかし、人材需要は２０２３年に約76万６５００人に達し、約20万人の人材不足が生じると見込まれている。

ＡＩ分野も同様だ。カナダのＡＩスタートアップ、エレメントＡＩの「Global AI Talent Report 2020」によると、米国が世界で最も多い人材を抱えるのに対し、中国は４位と振るわず、人数は米国の約９分の１に過ぎない。原因の一つには、中国のＡＩ人材の流出が深刻であることが背景にある（図表４－３）。

それに加えて、ＡＩ分野のトップレベルの人材の多くは米国にいる。元米財務長官によって設立されたポールソン研究所のシンクタンク部門マクロポーロのレポート「The Global AI Talent Tracker」によると、世界のトップレベルの研究者の勤務地を見ると、６割近くが米国に集中している（図表４－４）。中国は11％で、大きく水を開けられている。

図表4-3　AI専門技術者の供給に関する国別ランキング（2020年）

（単位：千人）

米国	188.3
インド	86.2
英国	35.4
中国	22.2
フランス	19.2
カナダ	17.9
ドイツ	13.1
オーストラリア	12.3
オランダ	12.1
ブラジル	11.8

（出所）Element AI「Global AI Talent Report 2020」よりNRI作成
https://jfgagne.com/global-ai-talent-report-2020/

ただ、トップレベルの研究者の出身地を見ると、高校もしくは大学卒業まで中国で教育を受けた人材が29％に上る（図表4－5）。

中国出身の研究者が中国のＡＩ発展の助けになっているケースも多い。ファーウェイのＡＩ基盤モデルの開発をリードしている首席サイエンティストの田奇もその1人だ。田は同社への入社前から既にＡＩ分野では著名な学者だった。イリノイ大学ペナン校の博士であり、ＩＥＥＥフェロー、テキサス大学サンアントニオ校コンピューターサイエンス学科教授を歴任している。大学で17年間教鞭を執った後、最先端の理論と研究成果を携えて入社した。

図表4-4　AIトップレベルの研究者の勤務地

米国	**59%**
中国	**11%**
ヨーロッパ	10%
カナダ	6%
英国	4%
その他	10%

研究者が勤務する組織の本社がある国による分類
（出所）マクロポーロの分析結果よりNRI作成
（https://macropolo.org/digital-projects/the-global-ai-talent-tracker/）

図表4-5　AIトップレベルの研究者の出身地

中国	**29%**
米国	**20%**
ヨーロッパ	18%
インド	8%
カナダ	5%
英国	4%
イラン	3%
イスラエル	3%
その他	10%

研究者が卒業した大学が所在する国による分類
（出所）マクロポーロの分析結果よりNRI作成
（https://macropolo.org/digital-projects/the-global-ai-talent-tracker/）

ＡＩ先端企業では、多くのトップレベル研究者が活躍している。ファーウェイのＡＩ開発チームには田だけではなく、博士号取得者が20人超、「ファーウェイ天才少年」[*5]と呼ばれる特別な人材３人の他、トップレベルの大学から50人以上の専門家を迎えている。２０１９年、ずば抜けた人材の「天才少年」を市場をはるかに上回る高額な給料で採用している。

人材スカウトに年俸4000万円から1億円

イノベーション先進企業では、先端分野の人材を重視する傾向が強い。それは、年収の飛躍的な伸びに現れている。２０１７年、ＡＩ専攻の修士卒の年収が約30万元（２０１７年のレート換算で約５１０万円）、博士号取得者は約50万元（同約８５０万円）だった。

２０２３年になると、ＡＩ基盤モデルを開発できる技術者の年俸は２００万元（２０２３年のレート換算で約４０００万円）となり、５年以上の経験を持ち、５人以上の小規模なチームを管理できる博士号取得者は２００万元から５００万元（同約１億円）になっている。

膨大な人材不足を補うには、中長期的な観点からの育成が必要だ。百度は、大学と連携して５００万人のＡＩ人材を育成する計画を発表し、10億元の資金を投入して開発者コミュニティの育成を図っている。

２０２３年８月時点で、百度のパドル（Paddle）エコシステムに参加する開発エンジニアは既に８００万人に達したと、同社の王海峰ＣＴＯは語っている。[*6]

人材の量や質ではまだ米国に及ばないが、膨大な市場と企業の旺盛な需要によって、中国が得意とする社会実装を通じて、近い将来、中国のデジタル技術人材の応用力は米国に遜色のないほど成長する可能性がある。

代替技術の開発

これまでのチャイナ・イノベーションは、技術の巧みな応用や社会実装の早さに強みがあった。他方、基礎技術から生まれるイノベーションが少ないことが弱点だった。

ＡＩでは、大規模言語モデル開発に着手した時期は米中で大きな差はないが、ＣｈａｔＧＰＴのような革新的なサービスは米国で真っ先に生まれた。

オックスフォード大学のフューチャー・オブ・ヒューマニティ研究所のジェフリー・ディングは、報告書「Deciphering China's AI Dream」の中で、中国のＡＩにおける総合的な実力は米国の半分程度で、追いつくには10年かかるとの見解を示した。世界のトップレベルの人材を多数抱える米国と比べると、中国が後れを取っているとの見方が大半だ。

しかし、ここに無視できない事実を指摘しておきたい。過去に米国から制裁を受けた分野では、中国の自主開発に弾みがつき、技術封鎖を突破してきた事実だ。位置情報を管理する米国の「GPS（全地球測位システム）」を代替する衛星測位システム「北斗システム」や有人宇宙ステーションやロケットといった宇宙開発技術などがその例だ。

技術封鎖の突破に挑む

中国では近年、"Hard & Core Technology"と定義される高度な基礎技術の開発に力を入れている。AI、航空宇宙、バイオ、半導体、高度情報技術（量子科学、ブロックチェーン、ビッグデータなど）、新素材、新エネルギー、スマートインダストリーの8分野だ。

清科集団がまとめた2023年上半期の中国のエクイティ市場の動向分析からも、そのような傾向が読み取れる。半導体・電子機器、バイオテクノロジー・ヘルスケア、ITに投資が集中しており、この3つの分野だけで全体の62・4％を占め、2271件に上った（図表4－6）。短期間で利益を回収できるネットビジネスから、半導体など長期間の投資が必要な業界に移っている。

ただし、資金の投入だけでは、技術の突破に必ず結び付くとは限らない。基礎技術のブレークスルーがどれほど困難なことかを、半導体技術を例に見てみよう。

先端半導体を製造するのに必要不可欠なのは、オランダのASML社製の極端紫外線（EUV）露光装置だ。現在、米国の制裁によって、この装置を輸入できない状態が続い

図表4-6　中国エクイティ市場の投資先業種分布（2023年上半期）

業種	投資件数	投資金額（単位：億元）
半導体・電子機器	813	631.63
バイオテクノロジー・ヘルスケア	752	435.48
IT	706	285.25
機械製造	369	176.21
化学原料・加工	218	187.92
クリーンテクノロジー	159	212.26
インターネット	141	193.39
自動車	113	236.76
飲食	69	223.48
チェーン・小売	55	17.18
エネルギー・鉱業	46	123.12
電気通信	45	18.34
金融	28	40.71
その他	124	147.93

（出所）清科集団「2023年上半期中国エクイティ投資市場発展概況」

ている。

この装置は、台湾のＴＳＭＣや米国のインテル、韓国のサムスン電子などサプライチェーン上の複数の企業との協業の下で、世界中の英知を結集して10年以上の歳月を費やして開発されたものだ。中国が初期開発段階に到達するのには、最低でも５年から10年は必要とみられている。

数年前、ＡＳＭＬ社ＣＥＯのピーター・ウェニンクは、同社の半導体製造装置は５００社以上のサプライヤーによって構成される世界的なエコシステム上で成り立っているため、「設計図を中国に渡しても、製造できない」と発言した。

EUV露光装置で使用されているドイツ企業の光学モジュールだけを取り上げても、45万7329個の部品が含まれるといわれ、EUV露光装置の内部にある精密部品の数は10万個に達する。さらに驚くべきことに、EUV露光装置は半導体製造装置全体のほんの一部にすぎないことだ。最先端のファウンドリーには500種類以上の機械があり、製品ができるまでに1000以上の工程がある。

ただ、興味深いのは、ピーター・ウェニンクが2022年5月、「物理法則は世界中どこでも同じだ。中国が開発できない理由はない」と、当初の発言を修正していることだ。

2023年3月に訪中した後、ウェニンクは「中国が独自のフォトリソグラフィ装置を開発することは、世界の半導体産業チェーンを破壊し、ASMLの市場シェアを脅かす」と発言した。発言の真意は不明だが、米国の制裁下で中国の半導体産業が成長していることを肌で感じたのかもしれない。

十分な資金と技術者を投入すれば、半導体企業は技術的課題を解決できると考える向きもあるが、半導体製造はそう簡単ではない。米科学技術政策局のジェイソン・マシーニー元副局長は、「それは、人類文明全体をゼロから再構築することになると言えるからだ」と語っている。

この困難な課題をファーウェイはどのように克服しているのだろう。世界から注目される中、ファーウェイからの発表は一切ない。2023年9月25日の新製品発表会で発表するとみられたが、半導体どころか、7ナノ半導体チップ搭載の最新スマートフォン「Mate60 Pro」についても説明を避けた。

いずれにしても、中国は今後も基礎技術におけるボトルネックの解消に全力を挙げるだろう。

ボトルネック技術の約6割が解消

従来、中国は民生用技術分野では国際分業という発想から応用技術分野で急成長を遂げてきたが、米国の技術輸出規制を受けて、高度な基礎技術の自主開発に舵を切った。しかし、基礎技術の開発には数十年の積み重ねが必要であり、短期間で成果を出すことは難しく、まず置き換え可能な領域から徐々に着手しているようだ。

米国など先進国の制裁によって輸入できなくなった中国にとって死活的に重要な35のボトルネック技術のうち、どの程度まで解消できたのだろうか。

半導体業界連盟などによると、中国は少なくとも21の主要技術を突破、もしくは一部突破している。

35のボトルネック技術では、影響の大きい半導体に目が行きがちだが、実は身近なパソ

○ 既に突破　△ 一部突破　× 海外に依存

技術	中国の現状	技術突破
高圧プランジャーポンプ	2018年国産化を実現	○
航空機設計ソフトウェア	海外のソフトウェアに依存	×
半導体用のフォトレジスト	ハイエンド製品を海外に依存	×
電子制御高圧ディーゼル・コモンレールシステム	2020年1月国産化を実現	○
透過型電子顕微鏡	海外の製品に依存	×
掘削機用メインベアリング	2022年4月製品の開発、製造、量産化に成功	○
液晶ディスプレーのスペーサー用の微粒子	2021年10月国産化を実現	○
水中コネクター	2022年5月当該技術を突破	○
自動車用燃料電池	コア部品や素材を海外に依存しているが、一部国産化を実現	△
水中溶接電源供給装置	国産代替は進行中	△
リチウム電池セパレータ	世界市場でのシェアは80％を超えている	○
医療映像装備部品	関連特許、研究開発ノウハウなど、外国企業による独占が続いている	×
超精密研磨加工	2022年4月コア技術を突破	○
先端エポキシ樹脂	先端合成技術が海外企業の土壇場	×
高強度ステンレス・スチール	自主開発能力は向上しているが、まだ開発途中	×
データベース管理システム	アリババ、テンセント、ファーウェイ、インスパー等がデータソース管理システムを開発し、ボトルネックが完全解消	○
走査電子顕微鏡	2019年3月卓上型走査電子顕微鏡が開発された	○

（出所）各種公開情報より著者作成

図表4-7　35のボトルネック技術の解消状況（2023年11月時点）

技術	中国の現状	技術突破
半導体リソグラフィ技術	28nmリソグラフィ装置の生産に留まっている	×
半導体チップ	ファーウェイの「キリン9000s」が7nm相当	△
PCとスマートフォンOS	アンドロイドが85.9％、iOSが14％に対し、Harmony OSがわずか2％	△
航空機エンジンのナセル	海外の製品に依存	×
触覚センサー	浙江大学が試作品の開発に成功	×
真空蒸着機	一部の技術が海外のレベルに近づいた	△
携帯電話RFチップ	2022年3月国産化を実現	○
製薬iCLIP技術	創薬の開発に最も重要な技術のひとつで、中国はまだ持っていない	×
大型ガスタービン	火力発電所、艦船等に必要で、2020年11月Fクラス出力50MW製品が商用化	○
レーザーレーダー	自動運転の実現に重要な技術で、2022年1月開発に成功。且つコストが大幅に削減	○
航空機耐空証明審査	C919の商用運行を開始したが、欧米での総合認証はまだ課題	△
ハイエンド・コンデンサ＆レジスタンス	国内はローエンド製品のみ製造できる、ハイエンド製品は輸入に頼る	×
産業用コアソフトウェア	半導体の設計に不可欠なEDA等のソフトウエアツールは海外企業に依存	×
インジウム錫酸化物（ITO）材料	ハイエンドのITO材料の製造生産が可能、価格を8000元/キロから1300元/キロに低下させた	○
産業用ロボット	ロボットのハードウェアはまだ海外への依存度が高く、アルゴリズムの依存は大幅に減少	△
航空機用超高張力鋼	超高張力鋼（300M）の国産化を実現	○
超硬ミーリングカッター	0.01mm超硬カッターを開発し、国産代替を実現	△
高性能ベアリング鋼	国産代替に成功、且つ海外への輸出も実現	○

コンとスマートフォンのオペレーティング・システム（OS）やデータベース管理システムなどデジタル社会の実現に不可欠な技術もボトルネックとなっている。

日本ではあまり意識されていないが、パソコンOSは、マイクロソフトのWindows、スマートフォンOSは、アップル・iOSとグーグル・アンドロイドに独占されている。データベース管理システムは、マイクロソフト、オラクル、AWS、グーグル、IBMが日本市場のシェアの8割以上を占めている。

ロシアのウクライナ侵攻を受け、アップルやマイクロソフト（OS、端末など）、オラクル（データベース管理システム）、シスコ（通信機器）、VMWare（サーバーの運用に重要な仮想化ソフトウェア）、ドイツのSAP（統合基幹業務システム〈ERP〉）、サムスン（半導体など）などがロシアでの自社ソフトウェア製品やサービスの提供を停止した。これにより、ロシアの国民生活に深くかかわる多くのシステムの運営に支障が出た。

こうした事態を深刻に受け止めた中国は今後、スマートフォンOSはファーウェイのハーモニーの開発によって徐々に国産化が進むだろう。また、データベース管理システムも、ファーウェイやアリババなどによって国産データベース管理システムが開発され、ほぼ代替できるようになっている。

1日20億件を処理するデータベース管理システム

2023年6月7日、「ファーウェイ・グローバル・インテリジェント・ファイナンス・サミット2023」で、ファーウェイ・クラウドCEOの張平安は次世代分散型データベースGaussDBを正式に発表した。

これは、20年以上の戦略的な投資と研究開発によって、コアなソースコードが100%独自に開発したシステムだ。このシステムは既に中国の公共部門、金融、エネルギーなどの業界で広く利用され、多くの実績を上げている。

例えば、中国の郵貯銀行はGaussDBを利用して世界最大規模の銀行向け分散型基幹システムを構築した。6億5000万人の顧客を持つ同行は、システム導入によって1日平均20億件、ピーク時には毎秒6万7000件のトランザクション処理が可能となり、エンドツーエンドの業務処理効率が従来と比べて10倍上がったという。張平安は「より良い選択肢を世界に」とのキャッチフレーズを打ち出し、製品への自信を示した。

ERPを自社開発したファーウェイ

ファーウェイは2023年4月20日、自社製の統合基幹業務システム（ERP）への置き換えが完了したことを明らかにした。旧ERPシステムでは、世界170カ国・地域にある250社以上のファーウェイのグループ企業をサポートし、1日当たり平均約76万件の受発注作業を担い、21万件の請求書発行、1500万件の会計入力業務を担っていた。報道によると、以前は米国のオラクルなどが開発したシステムを利用していたが、米国の制裁でサービスを受けられなくなり、一時期、同社基幹業務は麻痺寸前に陥った。その後、同社は数千人を投入して、わずか3年間ほどでクラウド環境で使用できるERPの自社開発に成功した。開発を統括した幹部は、「我々は封鎖を突破し、生き残った」と宣言した。

ライダーも自主開発

自動運転技術の実現に不可欠な技術の一つは、自動運転車の目となるレーザー光を用いた3次元センサー、LiDAR（ライダー）だ。当初、米国企業によって独占されていたこの技術だが、中国企業が自主開発に成功した。世界のLiDAR特許における中国のシェアはすでに50%を超えている。これによって、かつて数十万円もした高額の部品が数万〜十数万円程度になり、自動運転車の発展にとって追い風となっている。

テクノロジーの分野では、2017年に初飛行に成功した国産ジェット旅客機C919や、ファーウェイの一連の大胆な革新と発表が世界の注目を集めたが、今後、米国の制裁や技術輸出制限を受ける分野では、中国製品への置き換えがさらに進むだろう。

2023年3月17日、外部協力パートナーとのイベントで、ファーウェイの任正非は米国の制裁を受けた3年間を振り返り、次のように語った。

「ファーウェイは、3年間かけて4000以上の回路基板と1万3000を超えるデバイスを代替するための開発を行い、ようやく通信機器の国産化を実現でき、部品の安定性を確保できた」

キリン9000sチップの製品化に成功したことで、チップ設計と製造における同社の技術とグローバル・チップ・サプライ・チェーンにおける自立の可能性が高まったことは大きな一歩だ。同社の事例は、中国企業がこれまでのように米国企業に追随することには満足せず、重要な技術分野では独自のイノベーションに取り組んで業界をリードしていく可能性を示している。

もはや抑え込めない

2019年5月15日、ファーウェイが米国のエンティティ・リストに載せられてから、2023年8月29日のスマートフォンの最新機種Mate60 Proが発表されるまで、1566日が過ぎた。

振り返ると、2020年10月22日に発表されたMate40シリーズに搭載されている自社開発の最新ハイエンドチップのキリン9000sは、同時期に発売したアップルの

iPhone14に搭載されているチップのA14Bionicと技術水準がほぼ同等だった。5ナノの製造プロセスを用いている点は同様だったが、総トランジスタ数はキリン9000sが153億個で、A14Bionicの118億個と比べて総数で30％、集積密度で8％上回った。

このように一度はアップルと肩を並べるまでの技術力を持ったが、この数年間、米国の制裁によってチップ供給が途絶え、先端スマートフォン市場から撤退を余儀なくされた。それが、Mate60Proと比べると、アップルが発表した最新機種iPhone15には目新しい機能がなく、中国のネットユーザーの中には、「制裁されたのはアップルではないか」と揶揄《やゆ》する声が上がったほどだ。

「梅の花は厳しい寒さを経てこそ、いい香りが」

同社が厳しい状況に置かれた中、キリン9000sや盤古AI基盤モデル、クラウド向け次世代分散型データベースのGaussDBなど、次から次へと新製品を生み出せたことは、技術封鎖ではチャイナ・イノベーションを抑えられないことを示している。

2023年10月、新たにファーウェイ輪番会長になった徐直軍は、「梅の花は厳しい寒さを経てこそ、いい香りがします」との書簡を取引先に送った。穏やかな表現ながら、制裁という「厳しい寒さ」を経て、より高みをめざす同社の現状と決意だろう。

同月、第3回「一帯一路」国際協力ハイレベルフォーラムが北京で開催された。一帯一路10周年を迎えた節目の会合には、史上最多となる約130カ国の首脳や代表が来訪した。参加した国賓へのプレゼントの一つに、ファーウェイの折りたたみ式最新型スマートフォン「Mate X5」が選ばれた。不死鳥のように復活を遂げたファーウェイを象徴する出来事だった。

＊1 https://www.edu.cn/rd/zui_jin_geng_xin/202009/t20200924_2016138.shtml.

＊2 ワッセナー・アレンジメント（Wassenaar Arrangement）は、「通常兵器および関連汎用品・技術の輸出管理に関するワッセナー・アレンジメント」といい、兵器や関連技術の輸出管理と、テロリストグループ等による兵器・技術の取得を防止することを目的とした協定だ。冷戦時代に運用されていた同様の輸出管理規定であるココム（対共産圏輸出統制委員会）が解消されたことに伴い、1996年にオランダのワッセナーにおいて体制が発足した。サイバーセキュリティに関連する輸出管理対象品目・技術としては、集積回路、半導体、コンピューター、ケーブル、暗号装置等がある。ワッセナー・アレンジメントには、米国、英国、日本、フランス、ドイツ、ロシア、カナダをはじめ42カ国が参加している。

＊3 米国、YMTCや21社の中国AI関連企業を禁輸リストに追加 https://eetimes.itmedia.co.jp/ee/articles/2212/20/news095.html.

＊4 2022年6月、米連邦議会上下両院の議員7名が声明を発表し、米国の海外投資を規制し、米国のサプライチェーンが「中国を含む関連国の影響を受けない」ようにするという『超党派イノベーション法』（Bipartisan Innovation Act）の新条項を明らかにした。一部の研究者によると、米国の対中投資のうち、最大43％が精査の対象になる可能性があるという。

＊5 ファーウェイの「天才少年計画」は、市場をはるかに上回る高額な給料で優秀な人材を採用する計画。詳細は『チャイナ・イノベーション2』P184参照。

＊6 新華網記事「百度王海峰披露パドル生態最新成果 開発者数量800万に達する」（2023年8月17日）。

第5章 米中が激突する大技術競争時代

アリソン報告

「20年前にはほとんどのレースで米国がバックミラーで見つけることすら困難であった国が、今ではアメリカの後方を走ったり、あるいは並走したり、時には少し前に出たりしているということである」

２０２１年12月、ハーバード大学が発表した報告書『The Great Technological Race: China versus the United States in the 21st Century（21世紀の中米大技術競争）』の作成者、グレアム・アリソン教授らは、このようにコメントしている。

さらにアリソン教授は、「中国はいまや『全面的な競合相手』であることを認識しなければならない。実際、支配大国がこれまで対峙《たいじ》してきた中で最も手ごわいライバルである」

と語っている。

それでは、ハイテク競争で中国が米国を超える可能性はあるのだろうか。以下、いくつかの分野を取り上げて探ってみる。

衛星測位システム・北斗

中国の衛星測位システム・北斗は、米国のＧＰＳ、ロシアのグロナスに次いで世界で三番目に完成した衛星測位システムだ。

羅針盤の役割を持つ北斗と名付けられたこの衛星測位システムは、国家安全保障と経済・社会発展のために中国が独自に構築したものだ。安全保障にかかわるため、米国からの技術封鎖を突破して、約26年かけて完成した。現在、全天候型、24時間体制、高精度な衛星測位サービスとして、ＧＰＳと同様、世界中で誰でも無料で利用可能だ。北斗の衛星信号を受信可能な端末があれば、そのまま使えるインフラとなっている。

北斗プロジェクトは１９９４年から始まり、２０００年末に北斗１号システムが完成し、国内向け測位サービスがスタートした。２０１２年に完成した北斗２号システムでは、アジア太平洋地域をカバーできるようになった。２０２０年７月に完成した北斗３号システムで、当初の計画より半年早く世界に向けた正式サービスが開始された。

その結果、中国は米国のＧＰＳへの依存から完全に脱却できたうえ、システムのコアコンポーネントが１００％自主開発だったことで、安全保障上の懸念も払拭できた。

２０２１年時点で北斗関連の市場規模は約４７００億元（約９・４兆円）に達し、中国で出荷されるスマートフォンの94・５％が北斗の測位に対応している。今後、中国産のスマートフォンの大半がＧＰＳと北斗システムの両対応になると見込まれている。

北斗システムは優れた性能と豊富な機能を持ち、多様なニーズに応える幅広いサービスを提供できる。世界には、測位ナビゲーション、国際捜索救助、グローバル・ショート・メッセージ・サービスの３種類のサービスを提供し、アジア太平洋地域には、地域ショートメッセージ通信、衛星ベースの補強、精密単独測位、地上ベースの補強を含む４つの地域サービスが提供されている。

この北斗システムの自主開発プロジェクトが始まった背景には、１９９３年７月に起きた銀河号事件が大きく影響している。米クリントン政権発足直後の１９９３年、米軍艦と軍用ヘリが中国の貨物船、銀河号を包囲して公海上に留め置き、33日間にわたって船内を徹底調査した事件だ。

コラム　屈辱の銀河号事件から生まれた技術

1993年7月、米中央情報局（CIA）は中東を航海中の中国の貨物船・銀河号が、「イランに密売する化学兵器の原材料を積んでいる」との情報を入手したとして、銀河号が航海していた国際公海に軍艦やヘリコプターを派遣した。

米国側は銀河号が化学兵器の原料を運んでいることを証明する確実な証拠があると主張し、中国に制裁を科すと通告した。中国側はそうした事実を否定し、米側の検査を拒否した。すると、米国は銀河号のGPS信号を遮断し、航行不能に追い込んだ。

米国は軍事上の理由から、1990年から民間のGPS向けデータに意図的に誤差データを加えるよう操作して、その精度を誤差100メートル程度に落としていた。いわゆる信号にスクランブルをかける制限だ。GPSにはさらに特定の衛星に誤差ノイズを加え、特定地域で測位ができなくする機能がある。

中国側の主張によると、銀河号がいた公海上の海域でGPSが無効化されたため、銀河号は航行不能となり、公海上に停止した。

ロイター通信の報道によると、信号にスクランブルをかける制限は、2000年5月、クリントン大統領によって解除された。米政府の科学顧問ニール・レーン（当時）は、

「国防上必要が生じた場合は、軍は今後も地域ごとに信号にスクランブルをかけることができる」と語った。[*1] こうしたことから、事件当時、銀河号がいた海域のＧＰＳが操作された可能性が高いと思われる。

米海軍は、周辺の中東諸国に銀河号の入港拒否を強制し、銀河号を公海に24日間放置した。救援できない状況だったことから、中国側は米国の査察を受け入れた。

第三国を交えた合同調査で、第三国行きコンテナも含めた全コンテナ628個を調べた結果、銀河号が化学兵器の原料を積んでいる証拠は発見されなかった。米国は思うような結果が得られなかったが、この件に関する謝罪と賠償を拒否した。銀河号の損失は1042万ドルに上ったが、中国側は泣き寝入りする結果となった。

この屈辱的な事件を経て、中国は自国が衛星測位システムを保有することの重要性に目覚め、1994年から独自開発に着手した。逆境はチャイナ・イノベーションを加速させるという法則が成り立つかもしれない。

ＧＰＳを上回る北斗の先進性

北斗システムは「すべてがインターネットにつながる時代」のインフラと位置付けられ、

ＧＰＳと比較した先進性が以下に挙げられる。

【少ない衛星で地球全体をカバー】

ＧＰＳをはじめ他の衛星測位システムの衛星は、高度２万キロ前後のＭＥＯ（中高度軌道）に位置することで、地球全体をカバーしている。北斗はＭＥＯだけでなく、ＩＧＳＯ（傾斜対地同期軌道）、ＧＥＯ（静止軌道）の３つの軌道を組み合わせ、少ない衛星で地球全体をカバーしている。しかも、その精度はより高い。

【高精度な測位】

２０２２年11月４日、中国国務院が公開した「新時代の中国北斗白書」によると、測位誤差30センチ、垂直誤差60センチまでの精度が実現可能とされている。

【世界初の衛星経由の情報送受信】

世界初の情報の送受信が可能な衛星測位システムだ。グローバルの利用者が、最大５６０ビット（漢字40文字）の衛星経由のメッセージをスマートフォンで送受信できる。中国国内では最大１万４０００ビット（漢字１０００文字、テキスト、画像、音声も送信可能）のメッセージ送受信サービスを提供する。

【サービスの性能】

ＧＰＳは単にナビゲーションを通じて利用者に行き先を案内するが、北斗システムは独自の「位置申告機能」を有し、必要に応じて利用者は自分の位置を報告できる。将来、スマートデバイスの普及により、無人化の自動判断をより容易に実現できる。

【社会インフラとして応用】

北斗システムが既に災害対策、鉄道、港湾、電力などの社会インフラで活用されている。2020年7月、安徽省廬江県で河川の堤防が決壊して大洪水が発生した際、民間の位置情報サービス会社のエンジニアが上海市消防局と救援に駆けつけた。同社の位置情報システムを搭載したドローンの編隊が被災地周辺に延べ340km飛行し、3034枚の写真を撮影した。

エンジニアは画像処理を施したうえで決壊前の画像と照合し、決壊場所の長さや浸水地域の広さの測定、送電線の鉄塔の被害や水没した民家の特定など被害の程度を確認して、1時間ほどで災害救助計画をつくりあげた。

3次元モデルは水位上昇後の民家の水没エリアを予測できるだけでなく、決壊部分を塞《ふさ》ぐために必要な土の量を計算できる。これらは救援計画に正確なデータによる指導を提供した。それに基づいて救援部隊が投入され、効率的な救援が可能となった。

1分1秒を争う災害救助の最前線で、北斗高精度測位が力を発揮し、洪水対策の貴重な時間を稼いだ。

空間と時間を正確に把握する技術的手段として、北斗は今後、徐々に他の技術と統合・融合し、モノのインターネットやスマートシティ、無人運転、スマート農業などで大きな価値を発揮し、ビッグデータを中心とした新たな時空間情報ネットワーク・プラットフォームの建設に貢献していくだろう。

太陽光発電で世界をリード

世界最大のエネルギー消費国の中国は、経済発展と環境保全のバランスを取るため、再生可能エネルギーの普及に力を注いでいる。特に、太陽光発電はその中でも重要な位置を占め、この10年間で急速に普及が進んでいる。

国家エネルギー局によると、2023年1月から9月までの太陽光発電の設備容量は5億2018万キロワットで、中国全土の発電設備容量の18・7%を占め、前年同期比45・3%増となった。

これは三峡発電所の設備容量（2250万キロワット）の約23個分に相当し、一般的な大型原子力発電所の出力100万キロワット換算で520基分に匹敵する。

導入が拡大した要因は、太陽光発電の大幅なコスト低下にある。中国ではこの分野の研究開発が活発に行われ、2021年時点で太陽光発電の特許出願件数は世界の80・14%を占めた。

中国は太陽光発電パネルの生産量で世界をリードし、低価格かつ高品質な製品を提供している。その結果、太陽光発電のコストは10年前より80%も低下した。日照時間が長く、施工費用の安い内モンゴル自治区や青海省などでは、キロワット時当たり約0・2〜0・3元（約3・2〜4・8円）まで下がっている。

中国メーカーは世界最高のコスト競争力と、世界最大の国内市場を背景に市場を席巻してきた。国際エネルギー機関（IEA）によれば、太陽光発電に必要不可欠な太陽光パネルの大半が中国で製造されている。「中国は世界の太陽光電池の85%、太陽光電池用ポリシリコンの88%、太陽光電池の中核であるシリコンインゴットとシリコンチップの97%を生産している」と報告している。

中国は短期間のうちに太陽光発電分野での主導的地位を獲得している。2005年頃は欧州がこの分野を主導し、世界の太陽光発電装置の5分の1をドイツが占めていた。SPVマーケットリサーチのデータによると、2022年には中国メーカーが世界シェアのトップを独占し、ようやく10位に米ファースト・ソーラーが食い込んでいる。

2022年の国別出荷量シェアを見ると、1位は中国で全世界出荷量の71%を占めている。大差で2位マレーシア、3位ベトナムとなっている。[*2]

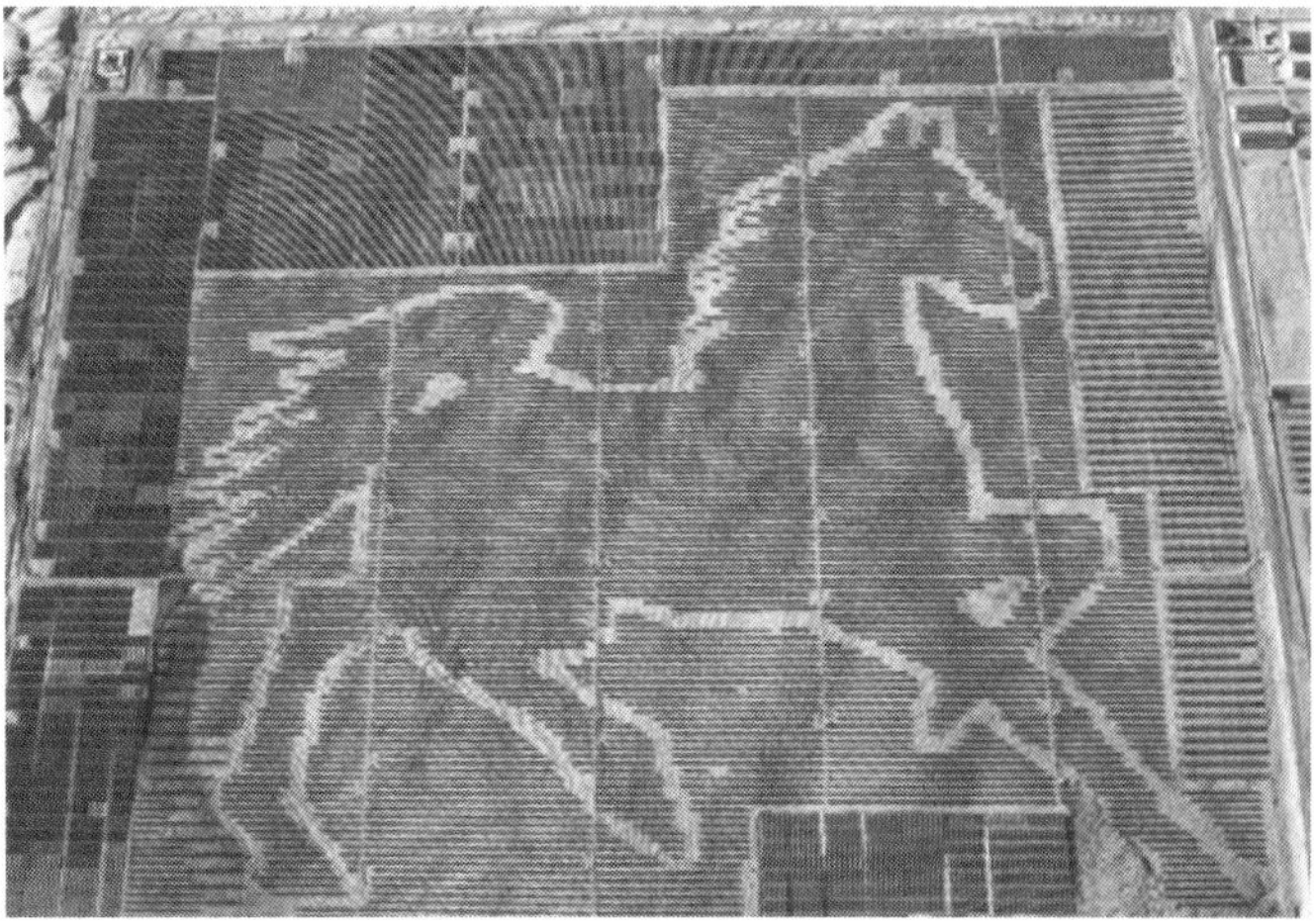
ギネスが世界最大と認定した太陽光パネルによる地上絵

砂漠の中の巨大な太陽光発電所

クブチ砂漠は、オルドス高原の北、内モンゴル自治区の黄河の南岸に位置し、面積は1万8600平方キロメートルに及ぶ北京に最も近い砂漠である。この砂漠の中に中国最大のダラト太陽光発電所が建設された。

太陽光パネルの間に成長に適した矮化経済林を植えている。流砂を固め、砂嵐を防ぎ、砂漠化対策を施している。緑化植物の他に、ナツメや漢方薬でも使われるキバナオウギなどの作物が栽培され、現地住民の収入を増やすことにも繋がっている。

19万6000枚の太陽光発電パネルが疾走する馬の姿を描き、世界最大の太陽光パネルの地上絵として、ギネスに認定された。観光客の人気スポットとして観光資源にもなっている。

2023年2月末までに、このプロジェクトは累計で26億5800万キロワットのグリーン電力を産出した。これは、二酸化炭素排出量1855万トンの削減に相当し、石炭83万トンを節約したことになる。この計画によって、累計で1万6000ムー（1ムーは約6・67アール）の砂漠を改良した。*3

高関税を受けてもなお成長

中国の太陽光発電産業の発展は、決して順風満帆ではなかった。20年前には、原材料、技術、市場ともに海外市場に大きく依存していた。

15年前には金融危機の影響によるシリコン価格の急落を受け、多くの太陽光発電企業が倒産した。さらに、10年前には米国とEUがダンピング調査を行い、中国製品に高率の関税を課して輸入制限を実施した。

こうした困難を乗り越えて太陽光発電産業は生き残り、世界をリードするまでに成長した。2013年以来、太陽光発電の設備容量の伸びは10年連続で世界トップを維持し、累積設備容量は8年連続で世界第1位だ。

太陽光発電産業の成功要因は、いくつかある。

一つ目は、中国国内で膨大な需要（市場）があることだ。2011年、米国とEUのダンピング規制によって苦境に立った業界を支えるため、国家発展改革委員会は太陽光による電力を買い取る固定価格買取制度（FIT）を導入した。

同時に、青海省、甘粛省などの広大な原野に数万から数十万キロワットの巨大な太陽光発電所が次々に建設され、国内市場が拡大した。これにより、多くの事業者が製品の販売先を確保でき、継続的なイノベーションが可能になった。

もう一つは、デジタル技術による効率的な運営だ。太陽光発電所が完成した後は、円滑で安全な運転を確保することが最優先課題となる。従来の保守方式では、作業員が設備を持って広大な敷地に点在する発電設備を点検していたため、数百メガワットの発電所を点検するのに1カ月以上かかった。荒野や砂漠地帯など厳しい地形と気候環境にも影響され、点検作業は骨が折れる仕事だった。

ところが、最新鋭のダラト太陽光発電所は僅か数十分で点検を終えることができ、しかも作業員がオフィスから外に出る必要もない。それは、ファーウェイのスマート太陽光発電管理システムを導入したからだ。

このシステムは、CTスキャンのように発電所の「健康」状態を素早く把握することができる。オンラインで全ストリング[*4]を0・5%のデータ精度で検出し、ストリング・レベルの故障を正確に特定し、電力損失の評価と修理箇所を示す診断レポートを自動的に出力し、運営効率の向上と発電量の最適化を支援する。14種類の主要なストリング故障を特定することができ、主要な故障の80%以上をカバーしている。

このように、膨大な市場と先進的なデジタル技術の支えもあり、中国市場の熾烈な競争を勝ち抜いた企業の競争力は圧倒的なものとなった。エネルギー調査会社ウッド・マッキンゼーが2023年11月7日に発表したレポートによると、2026年にかけて太陽光発電設備の世界シェアで中国が8割を超える見通しだ。[*5] 中南米、中東・北アフリカのグローバルサウスの他、オーストラリア、トルコなどでも中国企業による太陽光発電事業が拡大している。

高付加価値ハイエンド製品へのシフト

世界銀行の統計データによると、デジタル関連製品の輸出で、中国は2001年以降、EU、米国、日本を抑えて、世界第1位となっている。

ただし、その多くはiPhoneの組み立てのような付加価値の低い仕事が多い。図表5－1を見てわかるように、iPhoneの利益分配構造は歪《いびつ》なほどに偏っている。iPhoneを1台売れば、アップルには約60％の利益が入るのに対し、中国の労働者にはわずか1・8％、日本製の部品メーカーには0・5％程度の利益しか入らない。

これを図表5－2の米中日の産業バリューチェーン上の事業別収益性を表す曲線「スマイルカーブ」で見ると、米国がバリューチェーン上の付加価値の高い部分を占有しているのがわかる。技術・資本集約型の日本がそれに次ぎ、労働集約型の中国は低い部分に集中

図表5-1　アップルiPhoneの利益分配構造（2012）

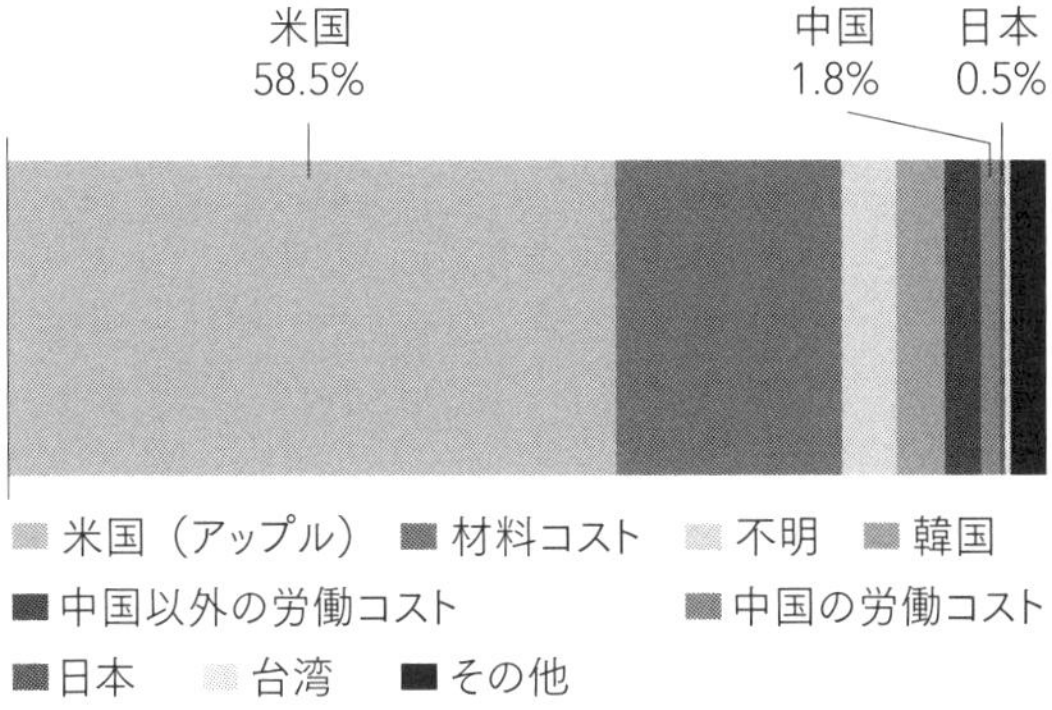

図表5-2　スマイルカーブの位置づけ（デジタル製造）

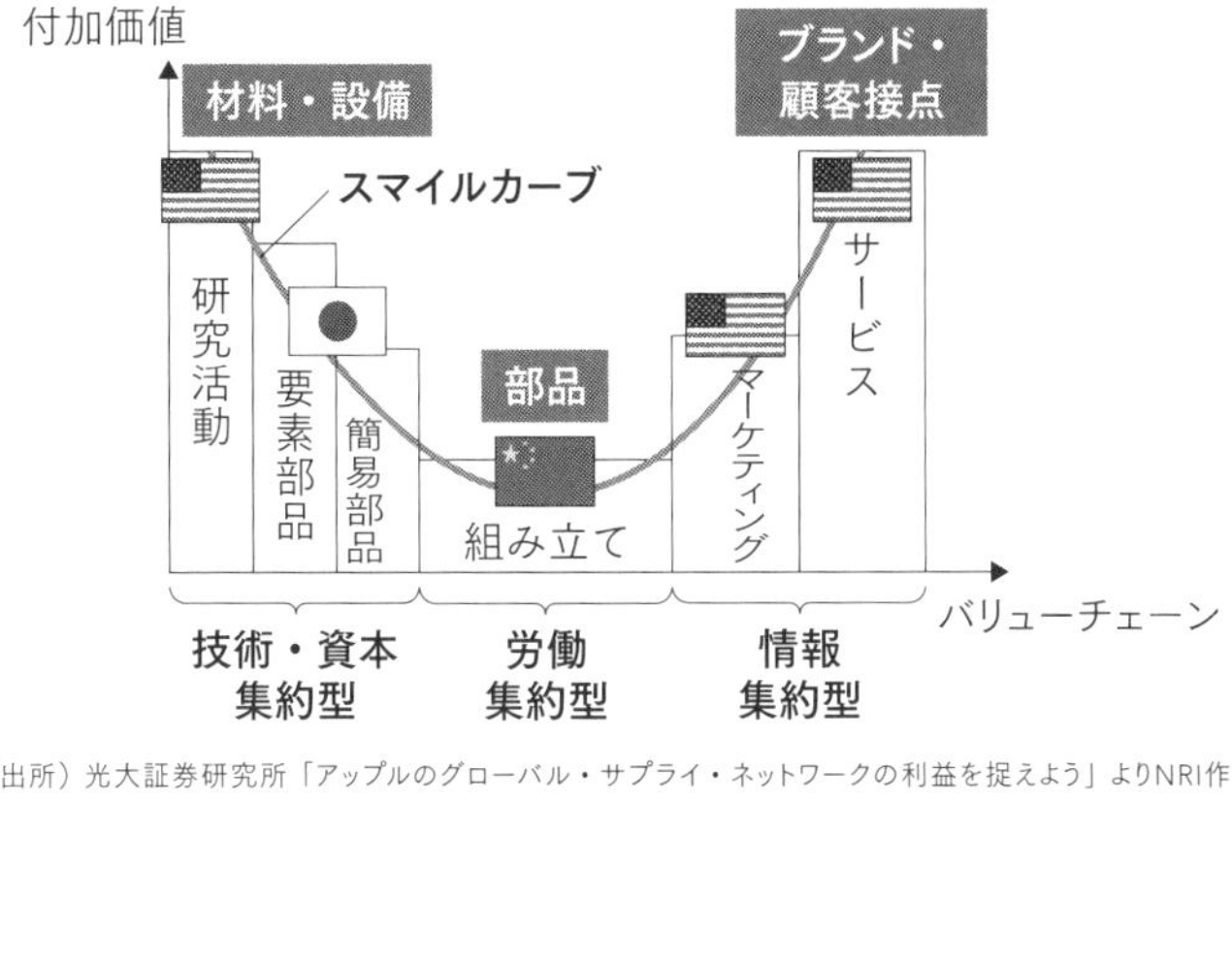

（出所）光大証券研究所「アップルのグローバル・サプライ・ネットワークの利益を捉えよう」よりNRI作成

している。つまり、生産量は多いが、付加価値が低い産業構造が長年続いていたということだ。

ところが、近年はこうした状況に変化が起き始めている。デジタル分野でのPCT出願件数[*6]で米国や日本、ヨーロッパの特許申請件数が横ばいなのに対し、中国は急増しており、その件数は既に米国や日本、ヨーロッパを超えた。

2017年以降、中国ではAIや量子コンピューティングなどのデジタルコア技術の最新分野での研究開発が加速し、特許出願数が急増している。因みに、出願人単位で見ると、2022年も引き続きトップはファーウェイであり、件数は7689件だった。

従来、先進国が独占していたロボット産業でも著しい発展を遂げている。

国際ロボット連盟が発表した「ワールド・ロボティクス2023レポート」によると、中国の産業用ロボット導入台数は2017年から年平均成長率が13％を記録し、2022年に29万258台に達した（図表5－3）。世界の産業用ロボット年間導入台数で1位となり、2位の日本（5万台）、3位の米国（3・9万台）を大きく引き離している。

因みに、2012年には中国の産業用ロボットの年間導入台数は、世界シェアの14％に過ぎなかったが、2022年には世界シェアの52％と急増している（図表5－4）。労働者1人当たりのロボットの台数で測ると、中国は今や世界で5番目に自動化の進んだ国となっている。ロボット導入台数の増加は、中国の生産ラインや物流など生産プロセスのス

図表5-3　中国の産業用ロボットの年間導入台数

（万台）

2012年	2.3
2013年	3.7
2014年	5.7
2015年	6.9
2016年	9.7
2017年	15.6
2018年	15.5
2019年	14.5
2020年	17.6
2021年	27.5
2022年	29.0

（2017年→2022年：＋13%）

（出所）World Robotics 2023よりNRI作成

図表5-4　産業用ロボットの世界シェア

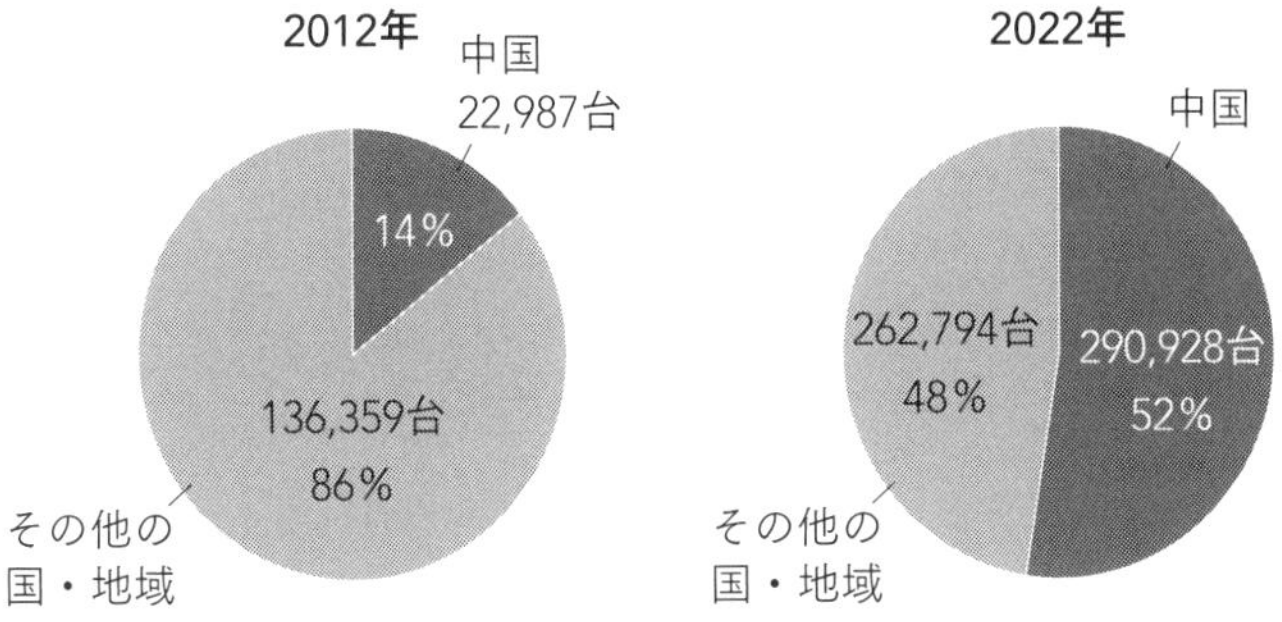

（出所）International Federation of RoboticsよりNRI作成

マート化、自動化を意味する。

また、産業ロボットだけではなく、サービスロボット（飲食店の配膳ロボット、ホテルの配達ロボット）での躍進も顕著だ。日本にも進出していて、ファミリーレストランでよく見かける猫型の配膳ロボットも実は中国製だ。

2022年、中国はサービスロボットを600万体以上製造している。レストラン、ホテル、病院、銀行、受付窓口、エンターテインメントなど様々な場面で、ロボットの姿が見られるようになり、ロボットと共生する社会がもう目の前に来ている。

韓国ロボット産業協会によると、2022年には韓国で使用されているサービスロボットの70%以上が中国メーカーによって生産されたものだったという。国際ロボット連盟の最新レポートでも、米国にあるサービスロボットの提供企業218社のうち106社が中国企業だった。

サービスロボット新興企業であるKEENON Roboticsの李通CEOは、「かつて中国製品は海外の先進的な製品の70%の性能と50%の価格で提供していたが、いまや150%の性能と80%の価格で海外企業と競争できるようになった」と語った。

2010年に上海で設立されたこの企業は、レストランチェーンやホテルチェーンに製品を提供し、中国だけではなく、米国、ドイツ、カナダ、イタリア、韓国、シンガポール、日本、英国など60以上の国・地域に進出している。

逐際動力の人型ロボット「CL−1」

ロボットの中でも一番開発が難しいのが「人型ロボット」だ。「人型ロボット」は人の形をして、複雑な環境のなかでも上手に〝手足〟を動かし、人間と似た動きをして、人間の作業を肩代わりするロボットだ。

米国ではテスラが実用化に向けて開発を急いでいるが、中国でも数社が開発途中の製品の映像を公開した。2022年に深圳で設立された逐際動力（LimX Dynamics）は、2023年12月、複雑な地形に対応する可動性と操縦性を備えた人型ロボット「CL−1」の動的試験を初めて公開した。

この試験で、「CL−1」は知覚制御に基づいて動作を調整し、リアルタイムな地形認識と歩行計画、移動制御によって、約15度の斜面の歩行、階段の登り降りなど屋内外での歩行をスムーズにこなすことができた。同社

による と、今後、このロボットは自動車製造、品質検査、物流配送、家事手伝いなどでの実用化をめざしている。

改革開放以降の数十年間、世界の工場の役割を担ってきた中国は、国連産業分類に記載されている大産業分類41、中産業分類207、小産業分類666をすべて国内に抱える世界で唯一の国となった。先進国が数世紀にわたって作り上げた産業システムを短期間で築き上げたのだ。

このような産業基盤に加え、整備されてきたデジタルインフラや膨大なデータ資源、豊富な人材、世界最大の国内市場を背景に、デジタル技術と産業の融合が実現すると、スマイルカーブ上の付加価値の高い上流に進出していく可能性は十分あるだろう。

＊1　2000年5月8日ロイター通信によると、米大統領がGPS信号のスクランブル中止を命令した。
＊2　日経XTECH「世界・太陽電池出荷量、シェアトップ5社は？　前年比46％増」(Junko Movellan、2023年6月6日)
＊3　人民政協報「太陽光発電による砂漠改良：「黄色い砂」を「青い海」に」(2023年3月20日)。
＊4　セルを組み合わせたモジュール（太陽光パネル）を、配線で「直列」に組み合わせた単位をストリングと呼ぶ。
＊5　ロイター通信「太陽光発電供給網、中国が26年まで世界シェア8割超独占＝調査会社」(2023年11月8日)。
＊6　PCTとは、「Patent Cooperation Treaty; 特許協力条約」のことで、PCTに基づく国際特許出願とは、ひとつの出願願書を条約に従って提出することによって、PCT加盟国であるすべての国に同時に出願したことと同じ効果を得られる出願制度。国際特許分類のうち、Telecommunications、Digital Communication、Computer Technology、IT methods for management、Semiconductorsの合計をデジタル関連特許として計上する。

第6章 分断されるテクノロジー勢力圏

過去20年間、地政学的な状況における中国の役割は、特に経済力と軍事力の両面で増大してきた。現在、米国の指導者は中国を戦略的な競争相手とみなし、中国発の通信機器やデジタルサービスに制限をかけている。他方、中国もデータ安全を最優先とする政策を進め、ChatGPTなどの海外サービスを制限している。

こうした国際情勢を背景に、デジタル技術やデジタルサービスの分野では、米国を中心とする諸国は欧米企業が提供するサービスを利用し、中国はファーウェイ、アリババ、テンセントなど国内企業が提供するサービスを中心に利用するなど、新たな分断状況が生まれている。

この分断状況を理解するのに、デジタルサービス（オンライン会議ソフト、クラウドサービス、基本ソフト〈OS〉）と投資関係の二つの観点から見てみる。

デジタルサービスの分断

オンライン会議ソフト

２０２０年以降、新型コロナウイルスの流行が世界的に拡大する中、感染防止のために渡航や交通手段の制限を各国が導入し、人的交流が内外とも大幅に減少した。同時に、全く新しいタイプのコミュニケーション手段によって在宅ワークや在宅学習が普及し、社会にレジリエンス（強靭さ）をもたらした。

オンライン会議、オンライン教育、オンラインヘルスケアなどのデジタルサービスは、職場や学校、病院の活動を正常化することに役立っている。中でも、オンライン会議ソフトは、コロナ禍で使用回数、使用時間ともに大幅に増加し、在宅ワークを一気に普及させた。

２０２１年3月、野村総合研究所は中国大手プラットフォーマーのテンセント傘下のテンセント研究院と共同で、アンケートによる「オンライン会議ソフトの利用動向調査」を実施した。

テンセント研究院は、中国のＴｉｅｒ1都市、Ｔｉｅｒ2都市、Ｔｉｅｒ3以下の都市[*1]を15：40：45の割合で階層別に住民を無作為に抽出し、合計１万４７４人を対象にアンケート調査を行った。

野村総研のアンケート調査は、「職場でオンライン会議プラットフォーム／ソフトウェアを使用している」と答えた人だけが本調査の質問に回答するというもので、本調査の回答者が９０００人に達するまで調査が続けられた。

アンケート結果から、興味深い傾向が見えた。利用しているオンライン会議ソフト（複数選択）をブランド別に見ると、日本ではZoomが圧倒的で78・４%、続いてMicrosoft Teamsが43・９%を占めた。上位6位までをすべて米国製品が占めていた。

他方、中国では、テンセントTencent Meeting 49・7%、アリババDingTalk 40・６%、テンセントの企業版ウィーチャットWeCom 29・６%がトップ3を占めた。

外資系やグローバル企業は本社とツールを合わせる傾向があるが、中国ではZoom 12・5%、シスコWebex Meeting 6・1%、Microsoft Teams ４・４%にとどまり、トップ３との差は歴然としている。

中国市場で上位のオンライン会議ソフトは、単なる会議のためのツールではなく、チャット、メール、カレンダー、ビデオ会議、ドキュメント共有と管理、社内稟議《りんぎ》など、ビジネスに必要なツールをオールインワンで利用できるプラットフォームになっている。

調査結果によると、中国のオンライン会議ソフトの利用シーンは多様化しており、遠隔教育22・５%、企業の社外イベント20・３%、遠隔採用面接16・９%、遠隔医療５・２%など、様々な用途に使われている。中国製オンライン会議ソフトが様々な利用シーンに合

図表6-1　オンライン会議ソフトの利用率

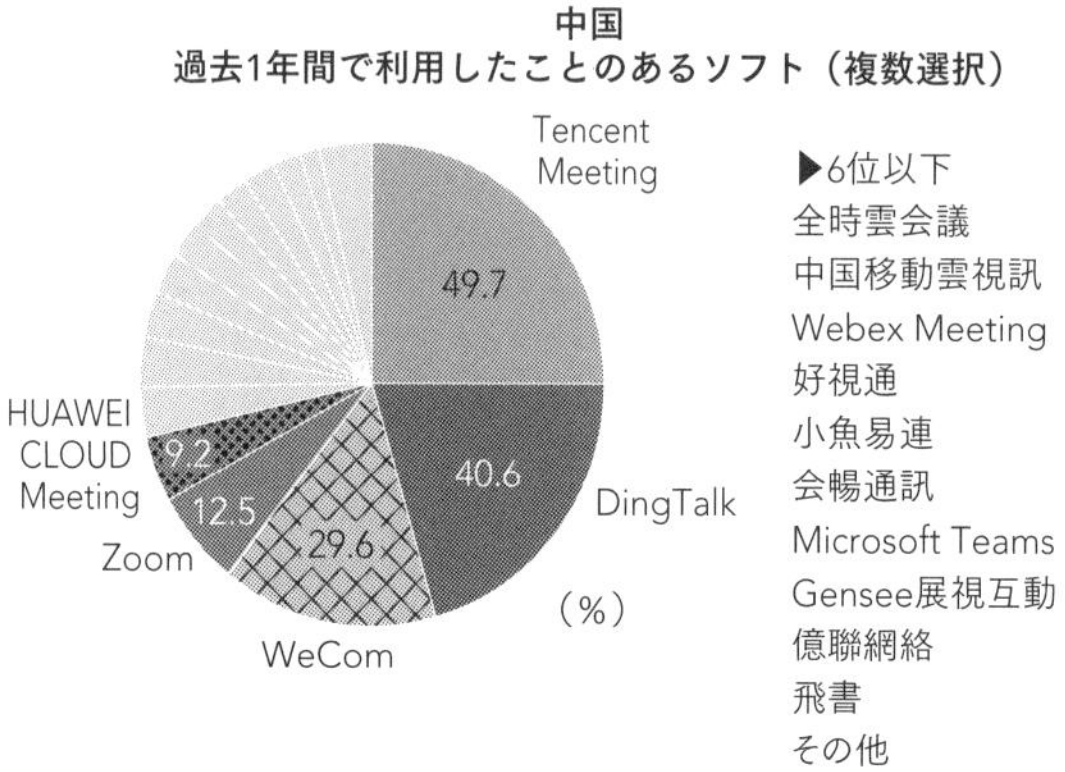

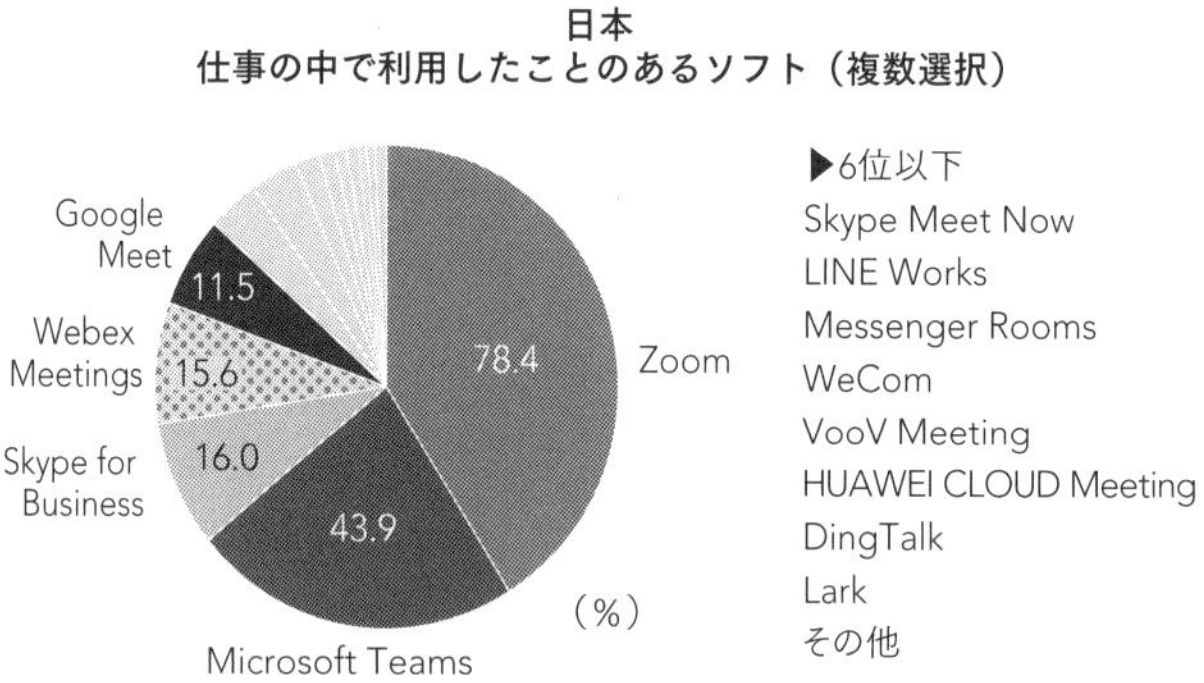

（出所）「オンライン会議ソフト利用動向調査」野村総合研究所（日本）、テンセント研究院（中国）、2021年3月

わせて機能を拡張してきた結果だ。

Tencent Meetingは、オーディオ・ビデオ技術と双方向の機能を活かし、画面共有、インタラクティブ・ホワイトボード、クラウド録画機能をソフトに組み込み、オンライン授業の日程計画から授業中の双方向の交流、授業後の振り返りまで、一連のプロセスをカバーしている。

DingTalkは、出退勤記録や学生の宿題提出記録などの機能を追加開発しており、企業のリモートワーク状況下の勤怠管理や学校の遠隔授業の受講管理におけるきめ細かいニーズにも対応できている。

Tencent MeetingやDingTalkのいずれも、Zoomと同様、会議への参加機能だけならソフトが無償提供されている。Tencent Meetingの場合、そのグローバル版であるVooV Meetingは100以上の国・地域で利用可能となっている。

中国のオンライン会議ソフトは、日本市場では存在感が薄い。その理由は、いくつか考えられる。一つは、中国製ソフトに対するデータ安全上の不安だ。中国の法律では、政府の情報収集に協力することは企業や市民の義務であることから、データ漏洩などセキュリティ面での懸念が消えない。

中国企業が海外に提供するソフトのデータ保管先を中国以外の地域に変更して中国政府の管轄下から離れ、データ管理の安全性に関する信頼できる国際的な認証を多数取得しても、日本の利用者の疑念を払拭できていない。

Tencent Meeting の場合、日本で中国国内版 Tencent Meeting のリンクをクリックしても、自動的に海外版 VooV Meeting に切り替わる。海外の携帯電話の App Store から中国国内版 Tencent Meeting をダウンロードできないほど、徹底的に内外を分ける措置が取られている。にもかかわらず、信頼を得るまでには至っていない。

もう一つは、日本企業が使うソフトでは Zoom やマイクロソフト Office365 に付随している Microsoft Teams が既に圧倒的なシェアを握っており、ユーザーの再教育など代替コストを考えると、後発メーカーへの乗り換えにはなかなか踏み切れないようだ。

米系オンライン会議ソフトを使用する場合、チャット、メール、カレンダー、ビデオ会議、ドキュメント共有・管理など、その都度違うソフトを立ち上げる必要がある。一方、中国系オンライン会議ソフトはワンストップ型で、会議の招集から開催、会議中のドキュメントの同時編集、会議後の発言内容の要約等、作業を一気通貫で終えることができる。選択したソフトによって、仕事の効率や生産性に差が出てしまう可能性もある。

クラウドサービス

通信インフラやＡＩ技術の進歩により、いまはモノのインターネット（ＩｏＴ：Internet of Things）から、あらゆるモノが文脈を理解し、処理能力やセンシング能力を備える「あらゆるもののインターネット」（ＩｏＥ：Internet of Everything）およびＡＩの時代へと移行しつつある。

その移行の過程には、半導体に限らず、クラウドサービスといったコンピューティング能力、ＯＳやＡＩモデルをはじめとした基盤システムが重要なカギとなる。しかし、クラウドサービスをはじめ、世界市場においては米国勢が圧倒的で、後発の中国の影響力はまだ小さい。

将来、スマートフォン、スマートウォッチ、スマート家電、自動運転の自動車、バーチャルヒューマンとメタバースなど、バーチャル世界とリアル世界の融合がさらに加速していくだろう。それには、コンピューティング能力やデータが重要なカギとなる。

米国のガートナー社が２０２３年7月にまとめたレポートによると、２０２２年ＩａａＳクラウド国際市場ではアマゾン、マイクロソフト、グーグルが圧倒的な強さを見せ、3社のシェアを合計すると、世界の7割近くを占める。中国のアリババとファーウェイはそれぞれ3位と5位に入ったが、シェアの合計は12％に過ぎない。アリババもテンセントも早くから日本でクラウドサービスを提供しているが、オンライン会議ソフトと同様、顧客獲得に苦労しているようだ。

一方、中国市場においては海外勢のクラウドサービスは苦戦し、アマゾンが辛うじて5位に入っているが、シェアはわずか８・１％に過ぎない。「安全かつ管理可能」などの点で、

図表6-2　2022年IaaSクラウド国際市場シェア

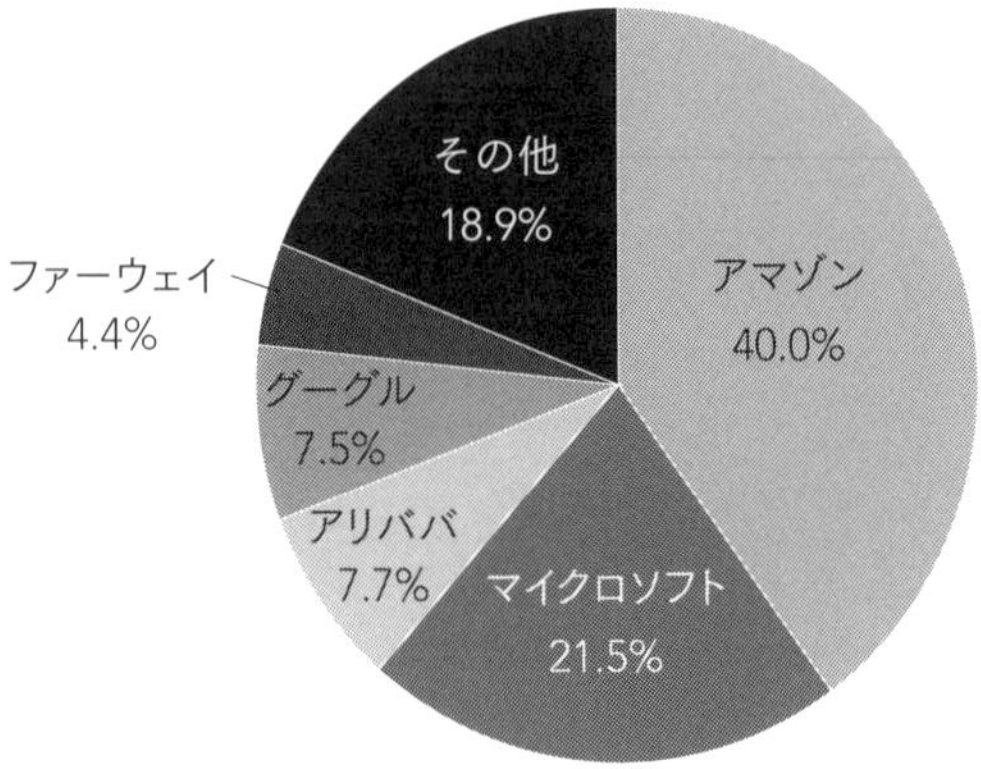

（出所）Gartner（2023年7月）のデータよりNRI作成

図表6-3　2023年上半期IaaSクラウド中国市場シェア

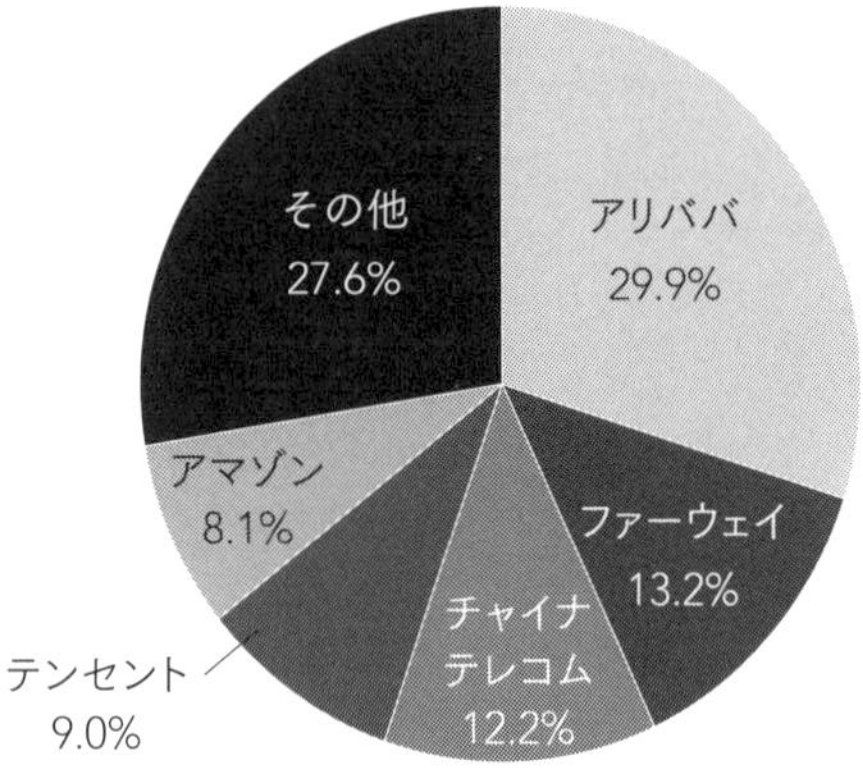

（出所）IDCのデータよりNRI作成

政府調達における海外勢のクラウドサービスは不利な立場にある。国家の安全とビジネス上の安全の境界線が曖昧である以上、クラウドサービスの分断傾向は今後さらに顕著となるだろう。

因みに、デジタル庁が主導する政府や自治体が使うシステムの共通基盤となる「ガバメントクラウド」の提供事業者はアマゾン・ウェブ・サービス（AWS）、グーグル・クラウド・ジャパン、日本マイクロソフト、日本オラクルの4社の他、さくらインターネットの「さくらのクラウド」が唯一国内企業として条件付きで認定されている。ところが、先行導入する省庁・自治体の発行済みアカウント数175のうち、9割超がAWSを選択しているという。

基本ソフト（OS）

スマートフォンやパソコンに不可欠なOSでも、同様の分断傾向がみられる。

2023年11月、ファーウェイは自社開発OSのハーモニーについて、バージョン5・0からデュアル・アーキテクチャ・システムを取りやめ、アンドロイドシステムとの互換性をサポートしないと発表した。

この決定は、ハーモニー搭載スマートフォンが世界シェア最大のOSアンドロイドとの互換性を失うことを意味し、アンドロイドをベースに動くアプリを使い慣れている既存の利用者が離れるリスクがあるため、思い切った決断といえる。

ハーモニーは従来の基本ソフトとは違って、オープンソースをベースに開発されたもので、当初はIOTでの利用を目的としていた。IOT向けに柔軟かつ低遅延の通信機能が統合され、しかもパソコンや携帯電話、スマート家電、自動車、ウェアラブル端末などのデバイスでも共通して使える。

この基本ソフト・ハーモニーは、米国の制裁の影響で端末にアンドロイドが使えなくなることから、2019年に急遽《きゅうきょ》導入された。その直後、先端チップの提供が断たれたことで、スマートフォンのシェアが激減し、いずれは消滅するとの見方が強かった。

しかし、デバイスの枠を超えてハーモニー上でさまざまなアプリを連動させることができることが消費者の支持を得た結果、4年経った現在、ハーモニーは消滅するどころか、もはや無視できないエコシステムへと成長した。そして、ハーモニー5・0は、マイクロカーネルアーキテクチャを直接採用し、アンドロイドの仮想化フレームワークよりも効率的でスムーズな動作を実現した。

基本ソフトについて、日本も世界に先駆けてTRONというOSを独自に開発した過去がある。電球から人工衛星まであらゆるモノにコンピューターが入り込み、ネットワークで繋がると予想し、それぞれの機器に組み込まれたコンピューターの動きを統一するために、OSを標準化させるというビジョンをTRONは提示した。

しかし、1989年に米国からスーパー301条に抵触すると圧力がかかり、TRONは制裁対象から外れたが、メーカー100社近くがTRONから手を引いた。その結果、大規模な応用ができず、現在に至っている。

ハーモニーは米国の制裁によってやむなく開発されたもので、最初から退路はなく、前に進むしかなかった。その開発は、多くの国内企業から強力な支援を受けている。

ファーウェイは開発技術者を増やし、数百万人の開発人材を確保することを計画している。数百億元を投資してエコシステムのパートナー開拓に力を入れ、18もの応用分野をカバーする計画を打ち出している。将来、巨大な国内市場をベースに、アップルとグーグルのOSと並び立つ日が来るだろう。

蜜月だった米中投資関係の終焉

技術の分断だけではなく、中国テック企業への投資も大きな転機を迎えている。長期化するウクライナや中東での戦火によるサプライチェーンの混乱などもあり、世界情勢の先行きに不透明感が増す中、米国の規制によって中国テック企業への投資が減少に転じた。

それを象徴するのが、2022年のAI新興企業センスタイムの株価急落だ。センスタイムは、自動運転、スマートシティなど多くの分野で実績を上げている注目企業で、

2021年12月に香港市場に上場を果たした。上場当初、1週間で株価が2倍以上に急騰するなど堅調に推移していたが、翌2022年6月30日、株価が一時、51％急落した。新規株式公開後に株の売却を制限するロックアップ期間が前日に終わったことを受け、米系資本が一斉に売却したことが原因とみられる。

米中蜜月時代には、資金と専門的なノウハウが両国間を自由に行き来して多くのスタートアップを育てた。米系ベンチャーキャピタル（VC）が新興市場の中国企業に積極的に投資し、巨大企業に育て上げ、巨額の利益を稼ぐシステムが確立していた。

セコイア・キャピタルがその代表格だ。セコイア・チャイナを通じて、アリババやJD.com、TikTokの親会社であるバイトダンスや美団などのプラットフォーマー、DJIやPony.aiなどの急成長するテック企業、BYDやNIOなど、多くのスタートアップに出資している。投資先企業の急成長によって、大きな成功を収めた。

こうした米中の関係について、米外交問題評議会のセバスチャン・マラビー・シニアフェローは、著書『The Power Law ベンチャーキャピタルが変える世界 下』（日本経済新聞出版）でこう書いている。

「アメリカのVCは中国のデジタル経済の誕生に一役買い、中国は勝利を実際に収めた。しかし、アメリカも明らかに勝者で、中国への投資で並外れた利益を上げた。中国が技術面で高度化を一段と進めることは、アメリカの国益を脅かしかねないと見る観察者はごく少数だった。結局のところ、シリコンバレーは非常に大きく先行していたため、中国が多少追いついても構図はほとんど変わらないと認識していた」

こうした状況は、2017年頃から急変する。

「大国間の対立が激化するなか、デジタル経済において先頭にいたはずのアメリカはその差をすっかり詰められてしまった。中国はアメリカと同じくらい多くのユニコーンを輩出し、胸を張った。ドローンやモバイル決済、次世代の5Gネットワーク機器といった一部の分野ではアメリカの先を行った」（同書）

環境の激変に対応する形で、2023年、セコイア・キャピタルは同社を3分割し、中国と米国の事業を分離することに踏み切り、インド、中国、米国の3部門がそれぞれ独立した事業体となった。こうした動きは、シリコンバレーを中国から遠ざけようとする米国内の圧力によるものだろう。

セコイア・チャイナは、深圳市に本拠を置き、世界をリードするドローンの製造元であるDJIテクノロジーズに出資してきたが、ドローンの軍事転用が懸念されることから、米陸軍はDJI製品の利用を禁止し、2020年に米司法省が連邦資金を使ってDJI製品を購入することを禁止した。こうしたことから、米国資金の対中投資はますます減少すると見込まれている。

米中の技術覇権をめぐる新冷戦、つまり技術によって分断された世界はまだ始まったばかりだ。半導体、ＡＩモデル、クラウド基盤、ＯＳなどを選択するとき、米国を中心とした西側の技術を選ぶのか、中国を中心としたグローバルサウスに広がりつつある技術を選ぶのか、この競争の行方は数年で決着がつくだろう。

＊１　第一財経誌が毎年発表する「都市商業魅力ランキング」による都市区分。商業施設の充実度、都市のハブとしての機能性、市民の活性度、生活様式の多様性、将来の可能性などの指標を基に、３３７都市をランク付けしている。Ｔｉｅｒ１都市は、北京市、上海市、広州市など。Ｔｉｅｒ２都市は、無錫市、寧波市、昆明市など。Ｔｉｅｒ３都市は、塩城市、鎮江市など。

上海データ取引所

第 3 部
デジタル・チャイナの現在地

新型コロナウイルス感染症の影響で約3年間、中国と海外との往来は断絶していた。その間、対外的に強い印象を残したのは、健康コードを柱とした中国のゼロコロナ対策だった。世界で最も厳格に実施されたビッグデータを駆使しての国民の行動規制は、中国に何を残したのか。コロナ禍後、デジタル・チャイナ路線にはどのような変化があるのか。

筆者はこの3年間、中国のイノベーション企業の創業者や事業責任者らと約11回のオンラインセミナーを開催した。テーマは、ライブコマース、リモートワークなど生活スタイルの変化から、スマートシティのような社会実装、自動運転やメタバースのような最新技術動向など多岐にわたった。

反グローバリズムの潮流や米中ハイテク分野でのデカップリングなどの影響はあるものの、数々の事例からデジタル・チャイナは絶えず進化し続けていることがわかった。

第3部では、知られざるデジタル・ガバナンスの深層、デジタル大国の実像およびデータ戦略の最新動向などを通じ、デジタル国家の変化を解説する。

第7章

デジタル技術を使った社会管理の光と影

中国では、健康コードに代表されるデジタル技術を使った社会管理の仕組みを「デジタル・社会ガバナンス」と呼び、コロナ対策の中核的な取り組みと位置づけてきた。2022年末に健康コードは廃止されたが、3年続いたこの取り組みは国民に甚大な影響を与えた。コロナ禍の当初、うまく機能したと思われたこの仕組みが、なぜコロナ禍の後半になると一転して、多くの人から廃止を望まれるようになったのか。その原因と課題を分析したい。

ゼロコロナ政策からの転換

2022年12月7日、中国政府は「新型コロナ感染予防コントロール措置をさらに改善することに関する通知」という政策を発表し、約3年間堅持してきたゼロコロナ政策を大きく転換した。

この政策には10項目の措置が含まれ、「新十条」[*1]と呼ばれている。老人ホームなどを除き、公共施設への出入りに当たって従来求められていた健康コードなどによるPCR検査陰性証明の提示を不要とする他、無症状感染者や軽症者の自宅隔離が許可され、それまでの厳しい行動制限措置がほぼ廃止された。

それに伴い、ゼロコロナ政策を維持するために運用されてきたデジタル証明書「健康コード」や他の管理ツールも徐々に廃止が進み、行動制限がない社会に戻ることになった。その結果、ゼロコロナ政策は実質的に幕を閉じた。

政策転換の直後、コロナ感染が急速に広がり、中国疾病予防コントロールセンターの専門家である呉尊友は2023年1月21日のSNSへの投稿で、「すでに人口のおよそ80%が感染した」との見解を示した。

健康コードなどの運用中止が引き金となって、感染が急拡大したとの見方もある。ゼロコロナ政策とその転換の是非は専門家の評価に委ねるが、本章では筆者が2022年末、広州で実体験した状況を踏まえつつ、ゼロコロナ政策が大転換する（「新十条」の発表時点）までの中国におけるデジタル・社会ガバナンスの概要とそれがもたらした課題について解説する。

オミクロン株に敗れたゼロコロナ政策

欧米や日本と違って、中国は「国民の徹底的な行動管理による感染拡大の抑制」という独自の対策を取ってきた。感染者が出たら、ビッグデータ分析およびデジタル管理ツールを活用して、速やかにその濃厚接触者らを見つけ出し、ＰＣＲ検査と行動制限を課すことで、早期発見と早期隔離による感染経路の素早い遮断を実行した。これが、デジタル・社会ガバナンスと呼ばれる仕組みだ。

感染力の強いオミクロン株が主流となるまでは、この方法で世界各国に比べて感染者数をかなり低い水準に抑え込んだ。オミクロン株は２０２１年11月24日に南アフリカからＷＨＯ（世界保健機関）に初めて報告されたが、そのウイルスはたちまち世界各国で猛威を振るった。

冬季オリンピックが開催された２０２２年２月時点で、中国政府が発表した統計を見る限り、国内では多い日でも１日当たりの新規感染者数は１００人程度だった。同時期の日本では10万人近くに上り、米国では30万人を超えていた。

しかし、無症状の感染者がいて感染力が格段に強いオミクロン株の蔓延《まんえん》を防ぐのは難しかった。2022年春、上海でのオミクロン株感染の広がりをきっかけに、ゼロコロナのプレッシャーを受けた地方政府は感染者が出た地区のロックダウン（都市封鎖）などの行き過ぎた措置に走るようになった。

その結果、デジタル・社会ガバナンスが国民に大きな負担を強いる結果となり、上海市など各地で政策転換を求める声が高まっていった。ゼロコロナ政策が転換されるまで、デジタル・社会ガバナンスはどのように行われていたのかを振り返ってみたい。

健康コード

2020年2月初旬に杭州市と深圳市で開発された健康コードは、標準が策定されて普及していった。健康コードは、感染者であるかどうかのリスクの有無がスマートフォン画面に表示されるバーコードによって一目でわかる、一種のデジタル証明書である。[*2]
バーコードは緑、黄、赤の3色ある。コードが緑なら、感染リスクもしくは感染者との接触リスクがなく、自由に活動できる。黄なら感染リスクがあり、PCR検査と一定の健康観察期間が必要となり、その間の行動が制限される。赤なら、病院などの管理された施設での隔離が必要となる。

実は、この健康コードは国際版[*3]と国内版がある。国際版は主に海外からの入国者用で、各国にある中国大使館が発行し、PCR検査の陰性証明などをもって判定する。入国者は、到着後一定期間の隔離が義務付けられ、その間、各地方政府が提供するアプリ経由で国内版健康コードを申請することが求められる。

隔離期間中は国内版健康コードが赤色で表示される。その後、数回のPCR検査を経て、すべて陰性と確認されて初めて健康コードが緑色となり、社会に出て自由に行動できる。国内版は、発行した地方政府の管理地域内での移動許可を示すもので、駅や商業施設など公共の場へ出入りするための許可証として活用されている。

個人の身分証明書情報と、携帯電話番号などによる本人認証を行った上で、ワクチン接種履歴(中国国内での接種情報に限る)、PCR検査結果(7日以内)などの情報が統合されてコードが表示される。

感染者のいる地域では、ある時点の検査結果が陰性でも、一定期間の間に何回かPCR検査を受けないと、健康コードが自動的に黄色判定に変わり、自由に外を出歩けなくなる。

健康コードによる健康状態や感染リスクの可視化を通じて、海外からの入国者を含めて社会で活動できる人はPCR検査が陰性の人であることを明確にする仕組みであり、感染拡大の防止と、社会経済活動をある程度維持することとの両立を狙っていた。

しかし、ＰＣＲ検査が毎日実施できない場合、感染者やその濃厚接触者を早期に発見できないという課題が出てきた。その対策として、２０２０年頃、健康コードに加えて個人の位置情報や移動状況を把握する「場所コード」と「行程カード」の仕組みが導入された。

場所コードと行程カード

場所コードは２０２２年に導入され、主にレストランやオフィスビル、ホテルなどの公共施設での滞在履歴を記録することを目的としていた。施設に入る際、紙で張り出された「場所コード」をスキャンするだけで情報が自動的にシステムに記録され、同時にスキャンする人の健康コードがリアルタイムで表示される。

万一、感染者が出たとき、素早く同じ空間にいた人を見つけ出し、注意喚起と濃厚接触者へのＰＣＲ検査を呼びかけるためだ。場所コードには、もう一つ重要な役割がある。感染リスクの判定とリンクして健康コードの色が動的に変化するため、最新の状態をリアルタイムに施設の受付に伝えることで、入場の可否が素早く判断できる。その他、健康コードの画面キャプチャーによる不正も防止できる。

行程カードは「行程コード」ともいう。健康コードと合わせて「両コード」と称され、都市間や省をまたぐ個人の移動を管理するために中国信息通信研究院と通信事業者が共同で提供するサービスだ。各人が持つスマートフォンの位置情報から過去14日間[*4]の訪問先を表示する機能であり、健康状態とのリンク付けはしないが、感染者の多い地域に滞在歴がある場合、健康コードが緑色であっても、行動が制限されることもある。

管理が一番厳しい北京市の場合、他の感染地域に立ち寄っただけで行程カードに「★」印がつけられ、北京に戻るチケットが購入できないという制限も実施された。

その他、海外からの入国者向け水際対策として、出発地で飛行機に搭乗するときに義務付けられている「税関コード」（中国税関出入国健康申告）の申請がある。入国者は搭乗する便名、座席番号と連絡先を記入して申請する。入国時のPCR検査によって座席の近辺に感染者が出た場合、素早く濃厚接触者として特定され、該当者に行動制限をかける運用となっていた。

このように、中国は個人の位置・移動情報やPCR検査結果など様々な情報を統合して、感染リスクのある人や「濃厚接触者の濃厚接触者」のような少しでも疑いのある人まで、市中を出歩けないように厳しく管理されていた。

活動人口4000万人・上海市のコロナ攻防戦

オミクロン株の流行が始まるまでは、行動の自由と引き換えに健康コードなどによるデジタル・社会ガバナンスが、目に見えない〝デジタル防衛線〟として機能した。その結果、致死率の高いデルタ株の感染の波から国民を守ったと多くの中国人らに受け止められていた。

ところが、ウイルスがオミクロン株に切り替わって以降、感染者が出た地区の全面封鎖といった上海市が実施したロックダウン（都市封鎖）など徹底した対策が取られたが、それでも感染者は減少しなかった。行動制限による感染抑止よりも、むしろ負の側面が大きくなった。

頻繁なPCR検査によって無症状の感染者も多く見つかり、広範な人を対象とする行動制限による経済へのダメージや病院の受診が滞るなど、その代償があまりにも大きくなった。

感染者と同じ空間にいただけで移動が制限されたり、出張先や観光先で突然足止めされたり、一部の地域では末端の管理者の行き過ぎた制限措置によって付随的な人災が生まれるなど、不透明な運用ルールによって国民生活に深刻な影響を及ぼした。

デジタル技術を使った社会管理の限界を示した典型的な例は、2022年春の上海のロックダウンだ。感染力の強いオミクロン株によって、中国最大の経済都市である人口2500万人の上海市が、同年3月28日から約2カ月間、ロックダウンに追い込まれた。

解除されたのは6月1日だった。

上海市政府は２０２０年2月7日、市民や来訪者の1人ひとりの感染リスクを可視化できる上海版健康コード「随申コード」の開発を決定した。

２０１８年に導入した都市ＯＳ[*5]のワン・プラットフォームで既に統合されている様々なデータを活用し、わずか48時間で、「随申弁アプリ」を通じて随申コードをリリースした。

因みに、都市ＯＳとは都市サービスの提供や都市全体の管理・運営を推進するための、データの連携・分析機能などを備えたシステム基盤のことだ。この基盤の上で構築した随申弁アプリは、普段から市民に対して、行政や生活に関わる様々なサービスをオンラインで提供しているため、多くの市民に馴染まれている。

ビジネス、観光、治療などで一時的に滞在する人も含めると、上海市内で活動する人口は４０００万人を超える。随申コードは多くの人が集まる駅などでデジタル通行証の役割を担い、膨大な人の流れを把握し、見えないデジタル防衛線を築き、感染力の強いオミクロン株が入ってくるまでは感染の拡大を抑え込むのに貢献した。

同市衛生健康委員会は２０２０年秋、ＰＣＲ検査の円滑化のため、ＰＣＲコードを導入した。市民がＰＣＲ検査を受ける際に提示する登録用バーコードで、市民のＩＤと検査結果を迅速かつ正確に紐づけることが狙いだ。

このコードは、同委員会が主管する「上海健康雲」（上海健康クラウドサービス）というプラットフォーム上で構築され、ＰＣＲ検査予約や検査結果の確認などが可能だった。この健康雲はもともと慢性疾患の健康相談や予防接種、病院の予約などのサービスを提供するために開発されたシステムだ。ＰＣＲコードと随申コードが異なるシステムで開発されたことが、後に大きなトラブルを招いた。

検査対象が2500万人

オミクロン株の流入によって状況が一変した。2022年3月、上海市内で感染拡大が続き、それに伴うＰＣＲ検査や疫学調査が必要な市民も爆発的に増えた。

この疫学調査とは、専門の疫学調査チームによって、感染者の位置情報等のデータを分析し、その移動経路（滞在場所を含む）を特定し、経路上にある「濃厚接触者」、「濃厚接触者の濃厚接触者」を早期に見つけ出し、迅速なＰＣＲ検査の実施と行動制限によって感染源を早期遮断する一連の作業だ。

3月16日午前中だけでシステムに登録されたＰＣＲ検査件数は433万件を超え、前日から倍増した。感染者の数が増えるにつれ、疫学調査能力も限界に達する。上海市には約3000人の疫学調査チームがいて、中国の中でも有数の規模だったが、増大する感染者に対応しきれなくなった。

3月21日には症状のある感染者24人と無症状感染者734人が出て、これらと関連する濃厚接触者が2万4675人、濃厚接触者の濃厚接触者が6万24人となり、調査や検査対象が約8万5000人に膨れ上がった。

同市は3月28日、浦東、浦西および隣接地域のロックダウンに踏み切った。エリア内の市民全員のPCR検査を実施することにしたが、検査対象が一気に2500万人に膨れ上がった。現場は大混乱し、検査に必要なPCRコードがアクセス不能になるなど、トラブルが頻発した。

さらに、PCRコードと随申コードは別々のシステムで開発され、この二つのシステムの連携ができていないため、PCR検査の結果が健康コードに即座に反映されなかった。3月後半に検査件数が急増したことに伴い、検査結果のシステムへのアップロードが大幅に遅延し、管理部門によって別途、電話で陽性者を通知する運用となった。利用者は困惑し、健康コードが実質的に機能麻痺に陥った。

健康雲は元々、慢性疾患の健康相談など市民向けヘルスケアサービスに特化して開発されたシステムで、大規模・集中的なアクセスに対応できるようには設計されていなかった。

加えて、開発運用事業者はクラウド・コンピューティングのノウハウや経験が十分とは言えなかったことから、爆発的に増加するアクセスに対応できず、システムダウンが頻発し、機能不全に陥った。その結果、コードの表示遅延だけではなく、検査機関による PCR検査結果の登録が追い付かず、利用者のスマートフォンにある健康コードとの判定結果の不一致も起きてしまい、市政府の信用力を大きく傷つけた。

追い打ちをかけたのは、市政府が大規模なPCR検査が続く中でシステムの乗り換えに踏み切ったことだ。不具合が頻繁に起きたことを受けて、市政府は健康雲におけるPCRコードの継続運用をやめ、わずか1～2週間で市民雲に新たにPCRコード機能を開発した。

移行について十分な準備期間を設けず、プレス発表した翌日の4月9日、一斉に随申弁アプリのPCRコードに切り替えたが、大規模なPCR検査が継続する中でのシステム切り替えは、新たなトラブルをもたらした。随申弁アプリでPCRコードを一斉に登録するため、ピーク時には毎秒10万件のアクセスが殺到し、システムの遅延が発生し、混乱に拍車をかけた。

上海市の失敗から学ぶ

上海市のロックダウンは、当初想定された約4日間から大幅に延長された。その結果、市民生活に甚大な影響を及ぼし、多くの教訓を残した。

ほぼ同時期に人口1300万人超の深圳市でも感染拡大が起きているが、2週間ほどで収まっている。このようなケースもあることから、ダイナミック・ゼロコロナ政策は感染の抑止に失敗したと一概には言えない。

深圳市当局は感染者の行動経路調査の限界を認め、早期にロックダウンと全市民のPCR検査に踏み切った結果、コロナの封じ込めに成功している。

デジタル・ガバナンスは、あくまで中国のコロナ対策を支える手段の一つであり、他の政策と組み合わせて初めて機能する。上海市の取り組みでは、①データ連携の不備、②政策の変化に追いつかないクラウドシステム、③スマホの操作に不慣れな高齢者らデジタル弱者への配慮不足――などが失敗の要因として指摘された。

ゼロコロナ政策は厳しい行動制限によりビジネス環境や経済に大きなダメージを与え、その代償はあまりにも大きかった。

2022年4月、上海市市長国際企業家諮問会議（IBLAC）が行った調査によると、9割以上の外資系企業は、今回のロックダウンが上海のブランドイメージの低下に繋がったと回答した。[*6] 経済は回復しても、長年培ってきたイメージの回復には時間がかかりそうだ。

広州から始まったゼロコロナ政策の転換

1日当たり9000人を超える感染者を記録したこともあった広州では、約1カ月間、ほぼ全市における店内飲食の禁止と厳しい外出制限を実施したが、感染者数は高止まりし

図表7-1　広州の新型コロナ新規感染者数と無症状感染者比率の推移

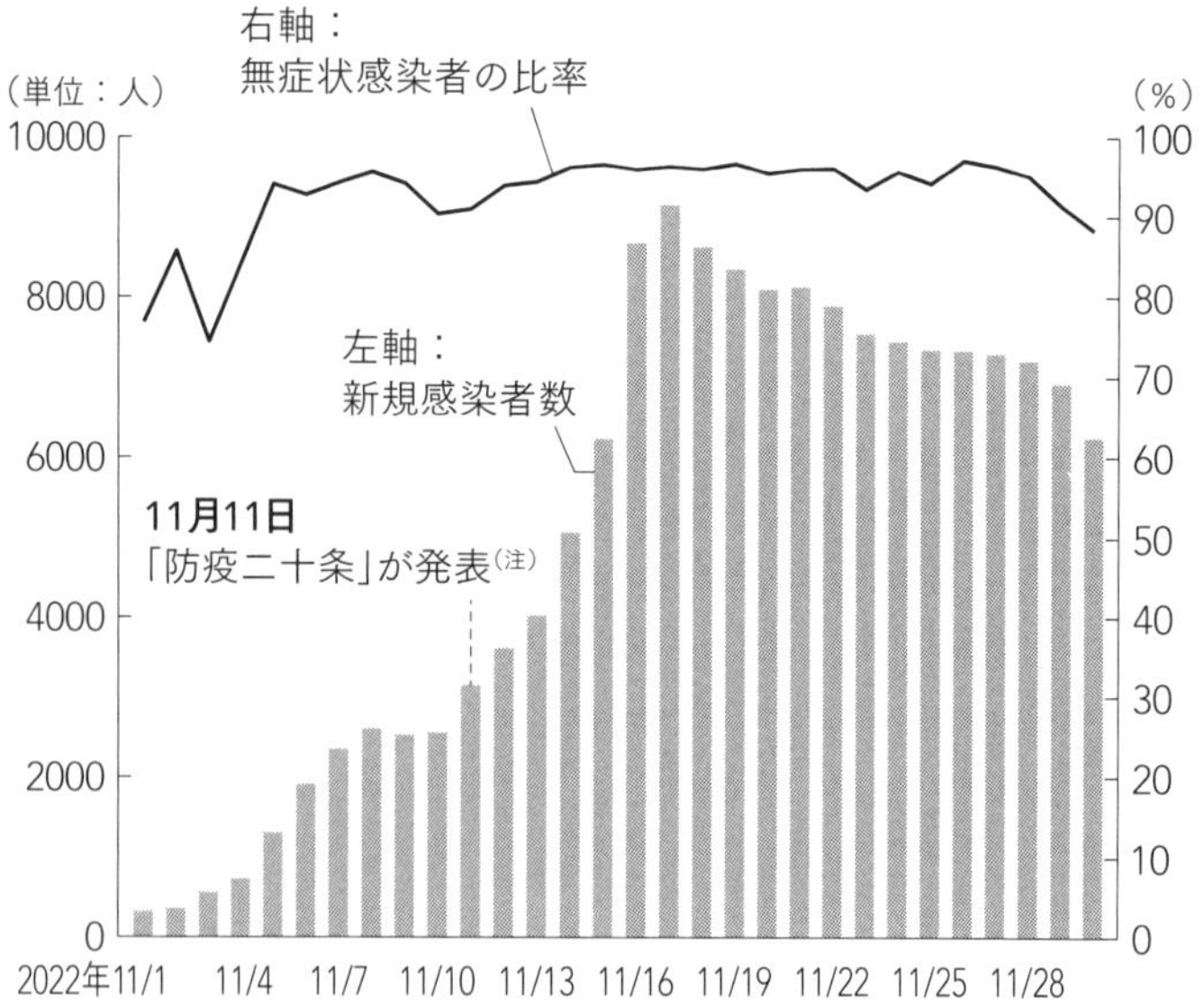

凡例：新規感染者：PCR検査で陽性の人
　　　無症状感染者：PCR検査で陽性が出たが、発熱や咳など症状がない人

（注）濃厚接触者や入国者の隔離期間が「5日間の集中隔離＋3日間の自宅隔離」に短縮、濃厚接触者の濃厚接触者への管理を解除するなど、行動制限措置を一部緩和する。

（出所）広東省衛生健康委員会公表データより作成　http://wsjkw.gd.gov.cn/xxgzbdfk/index.html

ていた。

しかも、居住者全数を対象とするＰＣＲ検査で見つけた感染者のうち、９割が治療の不要な無症状感染者だった。多くの無症状の感染者の行動を制限することに限界を感じた広州市政府は、ついに２０２２年11月に政策転換に向けて一歩踏み出した。

２０２２年11月30日、広州は全国に先駆けて施設などへの出入りにおけるＰＣＲ陰性証明書の提示義務を撤廃し、健康コードが緑色であれば、基本的に自由に移動できるようにした。全国に先駆けたコロナ政策の転換だった。

新十条が発表された後は、健康コードや場所コードはチェックされなくなり、同年12月13日には移動情報を把握する行程カードも全国で廃止され、感染者の追跡や行動制限措置が事実上放棄された。

厳格なデジタル技術を使った社会管理、いわゆる「デジタル・社会ガバナンス」の上に成り立っていたゼロコロナ政策も、これによって終了した。

政策転換前は、感染者が１人でも出ると、周辺の関係者はすべて行動を制限され、感染者との接触機会が抑えられた。行動制限がなくなると、感染者との接触機会が大幅に増える。政策転換後、感染者数が指数関数的に拡大していったのは当然だった。

ビッグデータを使った国民行動コントロールの功罪

デジタル技術を使った社会管理は、諸刃の剣といえるだろう。健康コードは、利用者の健康状況（ＰＣＲ検査結果など）やワクチン接種履歴を、場所コードや行程カードは、利用者の行動履歴や感染リスクのある地域への滞在歴の有無などの情報を収集していた。システムでビッグデータの分析を行い、リスクの高い人を識別し、対象者に対してＰＣＲ検査を促したり、厳しい行動制限をかけたりした。その本質は、ビッグデータを通じて国民全体の行動をコントロールすることだった。

国民の自由を制約する面も

この仕組みによって、感染拡大が抑え込まれていた時期もあり、一定の効果があったことは否定できない。２０２０年後半から２０２１年にかけて、個人のプライバシーや行動の自由をある程度犠牲にしても、社会の安定や安全を守れるなら良いということで、多くの中国人はそれを許容した。

だが、この管理システムをデータ分析ツールとして見ると、国民の権利や自由にとって大きなリスクをもたらす一面があったことも事実だ。

中国政府の発表[*7]によると、２０２２年6月14日までに行程カード・サービスは、アプリを通じて累計約600億回に上る位置関連情報を表示する一方で、大量に個人の行動履歴を蓄積した。これら個人情報の漏洩リスクや、その情報に基づいた過度な行動制限による市民の権利への制約は、大きな課題として残された。

2022年12月13日、行程カード廃止に伴い、収集された個人情報はすべて削除すると運用主体の中国信息通信研究院が発表した。あくまで非常時の一時的な措置として導入されたものであり、必要がなくなれば削除するという運用は評価できる。しかし、行程コード以外の収集した情報はどのような扱いとなっているのか、本書執筆時点ではまだ明確な発表がない。

デジタル基盤構築と国民サービスへの応用

デジタル技術を使った社会管理「デジタル・社会ガバナンス」では、クラウド・コンピューティング技術、ビッグデータ分析の技術などが活用され、分野間のデータ連携を担うデジタル基盤の整備が大きな役割を果たした。

健康コードと行程カードは、武漢での感染拡大を受けて短期間で開発され、その後、継続的に機能改善が行われた。筆者の実体験から言えるのは、これらのコード（カード）を利用したサービスは、すべてスマホアプリで簡易に申し込むことができ、高齢者を含めてほぼすべての国民に浸透していた。

図表7-2　健康コードと行程カードの概要と経緯

健康コード

PCR検査結果、ワクチン接種履歴、感染リスク等を可視化する

2020年2月7日	杭州市余杭区で運用開始（Alipayアプリ）
2020年2月9日	深圳市で運用開始（WeChatアプリ）
2020年2月11日	杭州市の全市に導入。その後、全国20以上の省市へ展開
2020年2月29日	全国版「健康コード」を発表（国家行政サービスプラットフォーム）
2020年4月7日	「防疫健康コード国際版」を導入（WeChatアプリのミニプログラム）
2021年3月23日	PCR検査結果やワクチン接種履歴の情報を「健康コード」に統合する

2021年9月15日	「健康コード」と「行程カード」の情報が全国レベルで統合される（国家行政サービスプラットフォーム）。これにより、「健康コード」から「行程カード」の情報を参照できるようになる

行程カード

過去14日間訪問した都市の情報を可視化する（2022年7月8日にその期間を7日間に短縮）

2020年2月13日	中国信息通信研究院と三大通信事業者が共同で携帯電話のショートメッセージによる滞在履歴の情報提供を開始
2020年2月29日	QRコードをスキャンするだけで、過去14日間の滞在履歴を確認できる
2020年3月6日	WeChatアプリのミニプログラムに携帯電話番号と認証コードを入力するだけで、4時間以上滞在した地域の情報を確認できる
2020年11月10日	訪問した地域の感染リスクが高い場合、その地域を「赤色」に表示する（2021年1月8日より、「★マーク」に変更）
2022年12月13日	運用廃止、収集していた個人情報もすべて削除する

（出所）各種公開資料によりNRIが作成

また、ワクチン接種情報、PCR検査情報など異なる分野の情報がシステム上でデータ連携ができ、国民が自ら情報を探したり入力したりしなくて済んだ。そのうえ、毎日頻繁にアクセスされるにもかかわらず、[*8]ほぼ遅延することなく利活用できた点は、デジタル基盤がしっかり構築できていたことの証左といえる。

2022年11月、国家衛生委員会、国家漢方医薬局、国家疾病コントロール局の3部局が共同で発表した「〝十四五〟全国民健康情報化計画」に注目したい。「2025年までに、すべての国民の人口情報、電子健康ファイル、電子カルテおよび基礎データベースをさらに完備させる。国民1人ひとりが更新可能な電子健康ファイルと多機能の電子健康コードを有するなど、国民健康サービスシステムの構築を図る」という計画だ。

コロナ対応として生まれた健康コードは、廃止されずに「電子健康コード」として生まれ変わる可能性がある。この仕組みによって、例えば母子手帳のデジタル化、基礎疾患などの情報の共有による受診の効率化および健康分野のデータの蓄積が可能となる。利用者の利便性を高め、集まったデータによる公衆衛生領域の分析が可能という。

一方で、健康コードによる行き過ぎた行動制限の苦い経験から、上海の法律業界紙は、2022年12月に学識者など専門家のコラムを掲載し、健康コードの廃止を強く訴え、ヘルスケアなどの他の目的へ転用すべきではないと警鐘を鳴らした。[*9]

データは価値を生み出すと同時に、非常時には個人の権利や自由を制限することもあると、多くの中国人は今回のコロナ禍で実感した。今後は、その経験を踏まえ、運用に当たっては個人の権利を侵害しないという大前提に立ち、利用目的と運用ルールを厳密に取り決めるべきだろう。

＊1　「新十条」の概要は以下の通り。(1)ハイリスク地域の判定を精緻にする。制限範囲を極力狭くする。(2)ＰＣＲ検査の対象を縮小し、且つ頻度を減らしていく。病院、老人ホーム、託児所、小中学校など特殊な場所以外では、出入りの際にＰＣＲ検査陰性証明提示を要求しない。(3)隔離方法を調整する。無症状感染者、軽症者は自宅で自主隔離することを許す。(4)ハイリスク地域の封鎖は5日間以内とし、新規感染者が出なければ迅速に解除する。(5)薬局での薬の購入に制限を設けない。(6)高齢者のワクチン接種を加速させる。(7)末端の医療機関は、基礎疾患のある高齢者や接種の状況を把握し、分類に応じて適切に対応する。(8)非ハイリスク地域の人的流動、生産・営業を停止してはならない。社会の正常運転、基本的生活物資、ライフライン供給などを保障する。(9)安全管理を強化する。消防車両の通り道やコミュニティのゲートなどを封鎖しない。(10)学校の感染対策を高度化する。感染の起きていない学校は対面授業を行う。

＊2　２０２０年当初の「健康コード」の仕組みと概要は、以下の記事を参照。緊急提言「新型コロナウイルス対応で進む中国のデジタル社会実装」https://www.nri.com/jp/keyword/proposal/20200326.

＊3　２０２２年12月27日、在日中国大使館の発表によると、２０２３年1月8日渡航分より、大使館が発行する健康コードの国際版が廃止される。

＊4　２０２２年7月8日に、過去7日間の滞在歴に変更された。

＊5　都市ＯＳとは、物流、医療、福祉、教育、防災、低炭素化など、様々な都市サービスの提供や都市全体の管理・運営を推進するための、データの連携・分析機能等を備えたシステム基盤を指す。

＊6　「上海市外資企業調査報告」２０２２年4月。

＊7　「中国共産党第十八次全国代表大会」における「工業と情報化発展成果発表会」の発表による。

＊8　２０２２年4月19日の工信部の発表によると、「行程カード」のアクセス数は一日平均1・6億回に上る。

＊9　『上海法治報』「健康コードを徹底的に廃止すべき」（２０２２年12月23日付）「〝両コード〟廃止後個人情報の処置」（２０２２年12月28日付）を参照。

第8章

デジタル化が牽引する経済成長

先端デジタル技術のショールームだった杭州アジア大会

2023年9月、浙江省杭州市で開催された第19回アジア競技大会は、コロナ後初の大規模なスポーツイベントでもあり、各国選手の活躍が注目された中、筆者はこの大会の持つ先端デジタル技術のショールームとしての一面に注目した。

アリババの本拠地でもある杭州市は、大会のために8年間準備してきた。同市は、アリババ・クラウドのシティブレイン（City Brain）を導入している中国有数のスマートシティだ。大会前から整備してきた都市管理のデジタル基盤は、今大会の運営にも大きく貢献した。

大会競技指揮センターのスポークスマン、朱其南は「史上最多種目、最多参加人数で、大会組織運営が難しい大会だった」と語った。

アリババ・クラウドをはじめ多くの中国企業のサポートを得て、5G、IoT、ビッグデータ、AIなど先端デジタル技術による多くの「世界初」が実現し、大会の成功につながった。

世界初の統合デジタル・イベント・プラットフォーム

大会運営に必要な三つの基幹システムがクラウド上で構築された。試合が終了すると、試合結果発表システムのスケジュール管理によって、結果が各会場の採点設備から会場結果システムに取り込まれ、中央結果システムに集約された。そこから、様々な方法で外部に発表された。選手、観客、スタッフなど利用者もクラウドからデータを直接取得できた。これにより、試合終了後、審判が結果を確認した後、僅か5秒で試合結果の発表ができた。

大規模スポーツイベントでは世界初の統合デジタル・イベント・プラットフォームによって、オンライン・コミュニケーション、人員管理、試合訓練、コンシェルジュ管理、交通整理、医療救急、会場監督などのサービスが統合され、10万人を超える大会スタッフとボランティアがアプリ経由で情報の取得と連携を行い、高い効率のコラボレーションを実現できた。

中国語、英語、日本語、タイ語など13カ国語のリアルタイム翻訳に対応しており、異なる国の選手やスタッフ同士の円滑なコミュニケーションを支援した。

5Gネットワークが会場に導入され、より高速データ伝送と安定した接続を提供した。それを使って、8Kの高精細映像で試合のリアルタイム配信が大会史上初めて実現した。また、バーチャルリアリティ技術の活用を可能にし、より没入感のある観戦体験を実現できた。

世界最大の立体ディスプレイ

開会式会場では、185メートルの立体メッシュスクリーンが作られた。地上スクリーン、3次元透視メッシュスクリーン、裸眼3D視覚効果、バーチャル映像デザインを通じて、銭塘江等の景色がステージに立体的に映し出された。

開会式チーフ・ディレクターの呂傳によると、スクリーンはIMAX9台分の大きさで世界最大のスクリーンだった。その他、デジタル・ヒューマンと選手による共同点火式など、物理的世界とバーチャル世界の融合に関する工夫が随所に見られた。その結果、観客との一体感が醸成され、会場を大いに盛り上げた。

杭州宇樹科技の犬型ロボット

大会警備では、人工知能やドローンが活用され、顔認識技術、監視、撮影、警備がより効率的に行えるようになった。とりわけ、ロボットの活躍が目を引いた。

陸上競技の円盤投げでは、選手が円盤を投げた後、円盤をスタート地点に運び戻す必要がある。従来はスタッフがその作業を担当したが、1日約7キロを歩く大変な作業だった。今大会では、杭州宇樹科技が開発した四足歩行の犬型ロボットがこの作業を担った。人間の歩行速度と同程度のスピードで円盤やジャベリンを運ぶ姿が愛らしく、すぐに人気を呼んだ。この犬型ロボットは、モノを運ぶ機能の他、ダンスを披露して会場の雰囲気を盛り上げた。

ロボットは、アジア・パラ競技大会でも活躍した。視覚障害者の聖火ランナーを正確に誘導するだけではなく、周辺の道路情報をリアルタイムに通知することもできた。

宇樹科技は、2016年に設立された杭州市に本社があるスタートアップ企業だ。弱冠33歳の創業者である王興興は、「設立7年間で累計150件以上の特許を取得し、コアなコンポーネントは、敢えて米国ボストン・ダイナミクスの設計とは異なる方法を選んだ」と強調した。

デジタル聖火ランナー

この大会では、「デジタル聖火ランナー」として現実世界の聖火ランナーをデジタル世界に拡大し、より多くの人が時間と空間の制約を超えて、聖火リレーを体験できるようにし

円盤を運んでいる犬型ロボット（大会公式サイトより）

た。

デジタル聖火ランナーは、個々の参加者のユニークのデジタル分身だ。約2年にかけて、アジア以外も含む130以上の国・地域から数億人が参加した。最終的に、数億人のデジタルランナーが、開幕式の巨大なデジタルランナーに変身し、現実世界のランナーと一緒に聖火を点火した。

この「デジタルとリアルを融合した点火式」を実現するには多大な労力を要した。アリババ傘下のアント・グループは、3年間もかけて開発を行った。IT技術者は300以上の異なる機種の携帯電話を対象に、10万回以上のテストを行い、20万行以上のコードを書いた。

さらに、自社開発のWeb3Dインタラクティブエンジン、AIデジタル・ヒューマン、クラウドサービス、ブロックチェーンなどの技術との組み合わせを通じて、どのタイプの携帯電話のユー

アジア大会のデジタル聖火ランナー（大会公式サイトより）

ザーも自分のデジタル聖火ランナーを作成でき、オンラインで聖火リレーに参加することができた。多くの国の参加者による一体感の醸成に寄与した。

AIを活用した採点システム

大会ではＡＩの赤外線トラッキング技術により、ＡＩ審判が各選手の動きをリアルタイムで３Ｄ画像に変換できた。従来の人間の審判は、見る角度により特定の行動を見逃すことがあるが、ＡＩ審判は、複数のカメラからリアルタイムで詳細な動作を捉えることができるため、より正確な判断を下すことができる。

ＡＩ審判は選手の体のパラメータや動作の角度のデータを分析し、国際基準に従った自動採点を実現した。ＡＩ審判は感情などの外的要因に左右されず、収集されたデータと決められたルールにだけ基づいて判断を下すため、より公平で公正な大会の実現に寄与した。

観戦の利便性を高めるため、新たに全長10キロ、9つの停留所がある自動運転バスによる路線を新設した。この自動運転バスは、レーザーレーダー、ミリ波レーダー、ビジョンカメラなどの自動運転装置を搭載し、車両と道路側に設置したセンサーなどの装置との連携技術を活用し、時速40キロの自動運転を達成した。

海外決済アプリとアリペイの相互認証

日本ではあまり報道されていないが、この大会では海外の観光客は普段使い慣れた自国の決済アプリを使って、アリペイ決済を導入したホテル、店舗、観光地などで支払いができた。海外の決済アプリとアリペイの相互認証が実現したためだ。

例えば、韓国のKakao Payの利用者はアリペイアプリをダウンロードしなくても、Kakao Payの決済バーコードを提示するだけで決済できた。アリペイと相互認証を実現したのは、以下の5カ国・2地域、10種類のモバイル決済アプリだ。[*1] これらの決済アプリは、東アジアや東南アジアで1・75億人の消費者をカバーしている。

- TrueMoney（タイ）
- Touch'n Go eWallet（マレーシア）
- Kakao Pay、NAVER Pay、Toss Pay（韓国）

- Changi Pay、OCBC Digital（シンガポール）
- Hipay（モンゴル）
- MPay（マカオ）
- AlipayHK（香港）

こうした形での決済アプリの相互認証はあまり前例がなく、画期的なことと言える。キャッシュレスが普及する中国では、こうしたサービスの実現によって海外からの観光客に大きな利便性をもたらした。これは一過性のサービスで終わらず、大会終了後もサービスが継続されている。

スマートシティ杭州

杭州市はスマートシティ建設の一環で、これまで信号機や駐車システムのインテリジェント化を通じ、都市の交通管理の高度化と渋滞緩和を実現している。今大会の観客数が史上最多となり、10月1日には最多の29万人が観戦した。会場までの移動や入退場などが、スマートシティ導入のおかげで大きな混乱もなく実現できた。その他、大会期間中、デジタルサイネージによる多言語の案内情報提供や公園の長椅子に座ってのスマートフォンのワイヤレス充電など、様々な工夫が施された。

デジタル技術による産業変革が加速

デジタル技術によるイノベーションは、アジア大会のようなスポーツイベントだけではなく、様々な産業で変革を起こしている。製造業の変革を例に見てみよう。

産業インターネット・プラットフォームがもたらす協業の効率化

中国では、企業間・産業間のデータを連携する産業インターネット・プラットフォームの導入に力を入れ、製品のライフサイクルやサプライチェーンの上流と下流のデータ共有と資源の連携を可能にしている。

既に1000を超えるプラットフォームがあり、全国で24万社近くが接続している。そのうち、影響力のあるプラットフォームは240ある。10年かけて部分的な実証実験プロジェクトから大規模な導入が本格化して、2022年の産業インターネットの規模は、1兆2000億元を超える。

この産業インターネットはバリューチェーン全体のコラボレーションを推進し、生産と事業運営の高度化を図り、新しい価値、新しいビジネスモデル、新しい業態を生み出すことが狙いだ。

ハイアールのCOSMOPlat

中国・青島を本拠地とする家電グローバルブランドのハイアールが開発した産業インターネットCOSMOPlatは、中国の産業インターネットの先駆的な存在だ。

同社が顧客のニーズに基づいた製品の個別カスタマイズを大量生産と同様の生産性で実現するマス・カスタマイゼーション用に、２０１６年に開発したプラットフォームがCOSMOPlatである。

既に世界20カ国で導入されており、自動車、化学など29の業界をカバーしている。飲料大手の青島ビール、タイヤ製造の双星集団など多くの伝統企業にデジタル変革に必要な標準化・業務改革コンサルを提供し、生産管理、製造、運営管理、品質管理、サプライチェーン管理、そして最近注目されている脱炭素などの業務に関するソリューションを提供し、２０２１年時点で７万社を超える企業のＤＸをサポートしている。

筆者が特に注目するのは、COSMOPlatがＥＲＰやＰＬＭ、ＩｏＴなどのソフトウェアモジュール、サービスツール、カスタマイズアプリ・ＡＰＩなどを提供することで、多くの企業とサプライヤー企業を接続し、巨大なデジタルエコシステムを形成していることだ。

このデジタルエコシステム経由で、ニーズに沿って原材料、部品、設備が効率よく調達できる他、複数の工場でデータを連携しながら一つの製品を生産するネット型ファクトリーの実現を可能にしている。

典型的な事例は、2020年にコロナ禍で発生したマスク不足への対応だ。不足するマスクや医療設備のサプライヤーとマッチングするための、「新型コロナウイルス対策資源需給プラットフォーム」を48時間でCOSMOPlat上に立ち上げた。

その後、山西省からマスク生産ラインの要請を受けた際、この需給プラットフォームが大きな威力を発揮した。エコシステムに入る企業の協力を得て、わずか48時間で必要な設備・原材料を調達し、1日当たり10万枚のマスクが生産可能な生産ラインを同省内に数日で構築できた。

本格化するスマート製造

スマート製造は、設計、生産、管理、サービスなど、製品のライフサイクル全体を通じて、先進的な製造技術と次世代情報技術の深い融合によって、製造業の品質、効率、生産高、柔軟性を向上させることを目的とした生産方式である。

2021年11月、工業情報化部、国家標準委員会が「国家スマート製造標準体系建設ガイドライン（2021年版）」を発表してから、305件のスマート製造実験モデルプロジェクトと420件の新モデル応用プロジェクトが実施された。

自動車業界では、遼寧省瀋陽市のBMWと華晨汽車集団との合弁企業、華晨BMWは、BMWのドイツ工場に先駆けて、中国テック企業51WORLDのデジタルツイン技術を導入

デジタルツイン技術の自動車工場での応用イメージ（51WORLDから提供）

して、生産と品質管理の効率性向上を実現した。

具体的には、輸入された自動車部品の物流コンテナヤードの管理で、港への到着から積み込み、転送、保管、港を出るまでの全作業のシミュレーションを可能にした。５Ｇネットワークで繋がる港のすべての設備機器の状況をリアルタイムで認識でき、物流と運営効率が大幅に向上した。

生産ラインの設備管理では、現場設備のモニタリングデータをリアルタイムに収集している。異常が発生した際、即座に分析してアラートを出すことができ、設備の故障による時間損失が減少した。

完成車のテスト結果の管理においては、デジタルツイン・システムに各部門の評価結果をリアルタイムで同期し、部門横断で結果の共有ができるだけでなく、各部品の具体的な状態を直感的に確認することで、品質管理の効率化に繋がっている。

華晨ＢＭＷは２００３年５月に設立された。過去20年間にわたり、ＢＭＷグループは中国での活動を継続的に拡大しており、瀋陽拠点の生産能力は３万台から83万台に拡大したという。[*2]

図表8-1　デジタル中国建設の全体構想

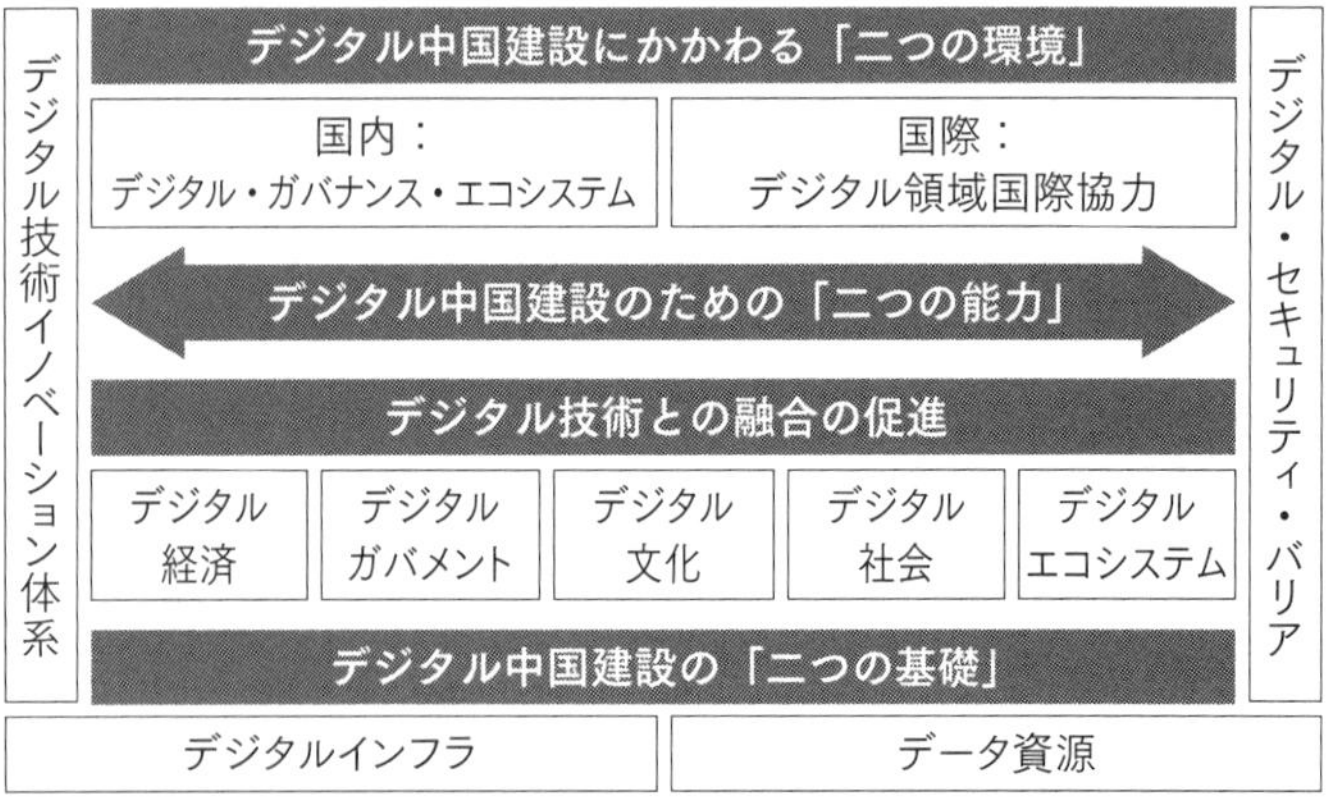

（出所）NRI作成

国家戦略としての「デジタル中国」建設

デジタル技術による産業変革の実現には、国による政策面の後押しが不可欠だ。中国では、数年に一度策定される経済・社会政策の基本方針を示す国民経済・社会発展5カ年計画や分野特化型の発展戦略が基本となって、政策が打ち出される。

2021年3月に承認された第14次5カ年計画と2035年までの長期目標には、「デジタル中国」建設が国家戦略として盛り込まれた。

デジタル中国建設の全体構想には、2つのポイントがある。一つは、デジタル技術の融合によるデジタル経済の発展の加速化、二つ目は、デジタルインフラの高度化とデータ資源の整備によるデジタル中国建設のための基礎強化だ。

ＧＤＰの名目成長率を上回る伸び

デジタル経済とは、高度なデジタル技術によって経済構造を最適化し、ビッグデータやデジタル化された情報などを主要な生産要素として再形成された新しいタイプの経済形態と定義される。

着々と整備されたデジタルインフラと豊富なＩＴ人材を背景に、デジタル技術と産業の融合がさらに深まり、中国のデジタル経済は持続的な発展を遂げている。

中国信息通信研究院が２０２３年４月27日、第６回デジタル中国建設サミットで中国デジタル経済発展研究報告（２０２３年）を発表した。報告で示された最新状況では、中国のデジタル経済は、引き続き経済を牽引《けんいん》していることがわかる。

２０２２年のデジタル経済規模は初めて50兆元（日本円で約１０００兆円）を超え、前年比10・３％増となり、同時期のＧＤＰ名目成長率を５ポイント近く上回り、ＧＤＰに占める割合は41・５％に達した。コロナ禍の影響はあるが、ＧＤＰ名目成長率を上回るのは、２０１２年から11年連続だった。

中国では、デジタル経済を「デジタル産業化、産業のデジタル化、データ価値化、デジ

図表8-2　中国のデジタル経済の規模とGDP比の推移

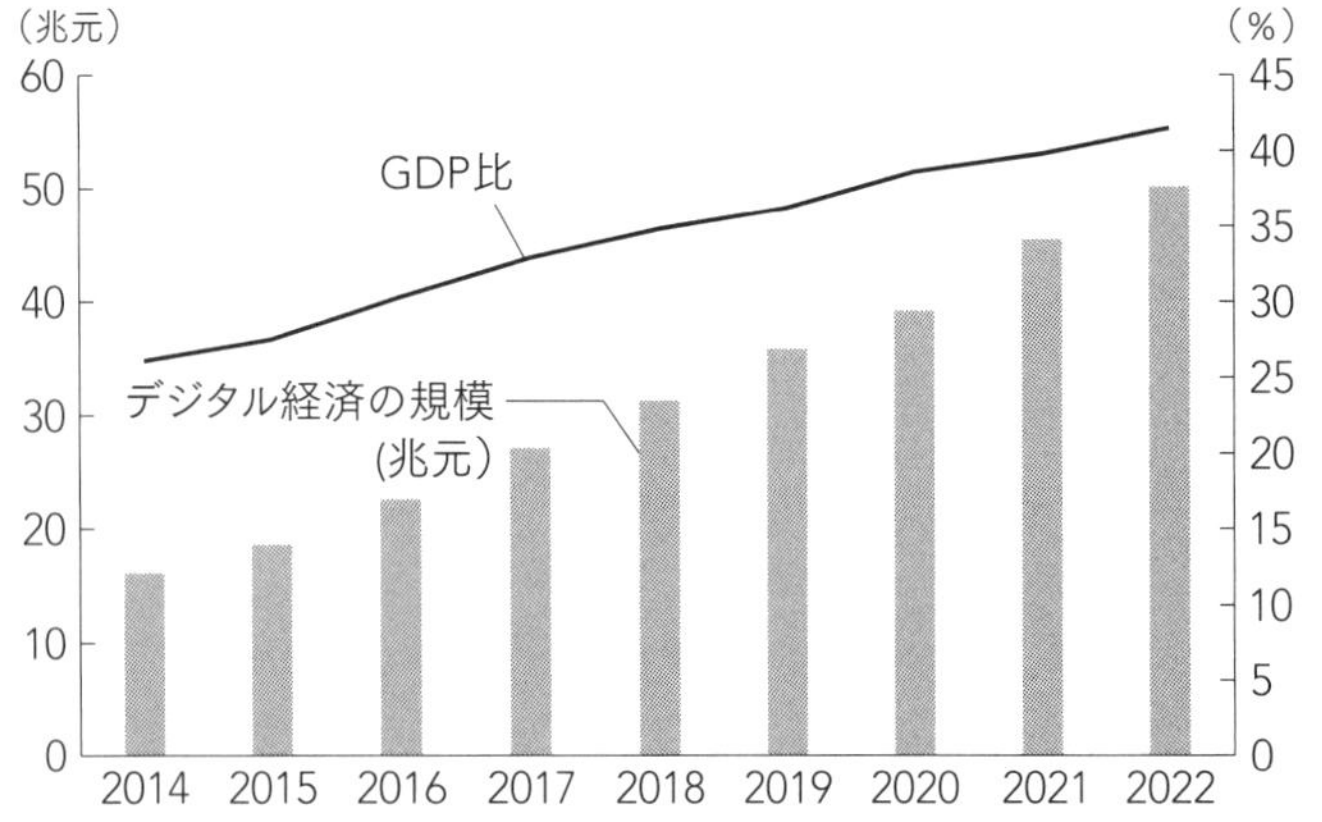

（出所）中国信息通信研究院「中国デジタル経済発展研究報告（2023年）」よりNRI作成

タル・ガバナンスの４つの要素によって構成される」[*3]と定義している（図表８－３）。そのうち、デジタル産業化と産業のデジタル化によって生み出された付加価値が、デジタル経済の主要部分である。

デジタル産業化は情報通信産業と定義が近く、通信などのデジタルインフラ、情報機器製造業、ソフトウェアと情報処理サービス、インターネット産業などが含まれる。昨今、ブームとなっているＡＩ産業もデジタル産業に含まれる。

また、産業デジタル化は、農業・工業など伝統産業へのデジタル技術の応用がもたらす生産高の増加と効率性向上の部分を指す。スマート製造、スマート農業、スマートシティや産業インターネット、コネクテッドカーを実現するための Vehicle to X

図表8-3　デジタル経済の構成要素

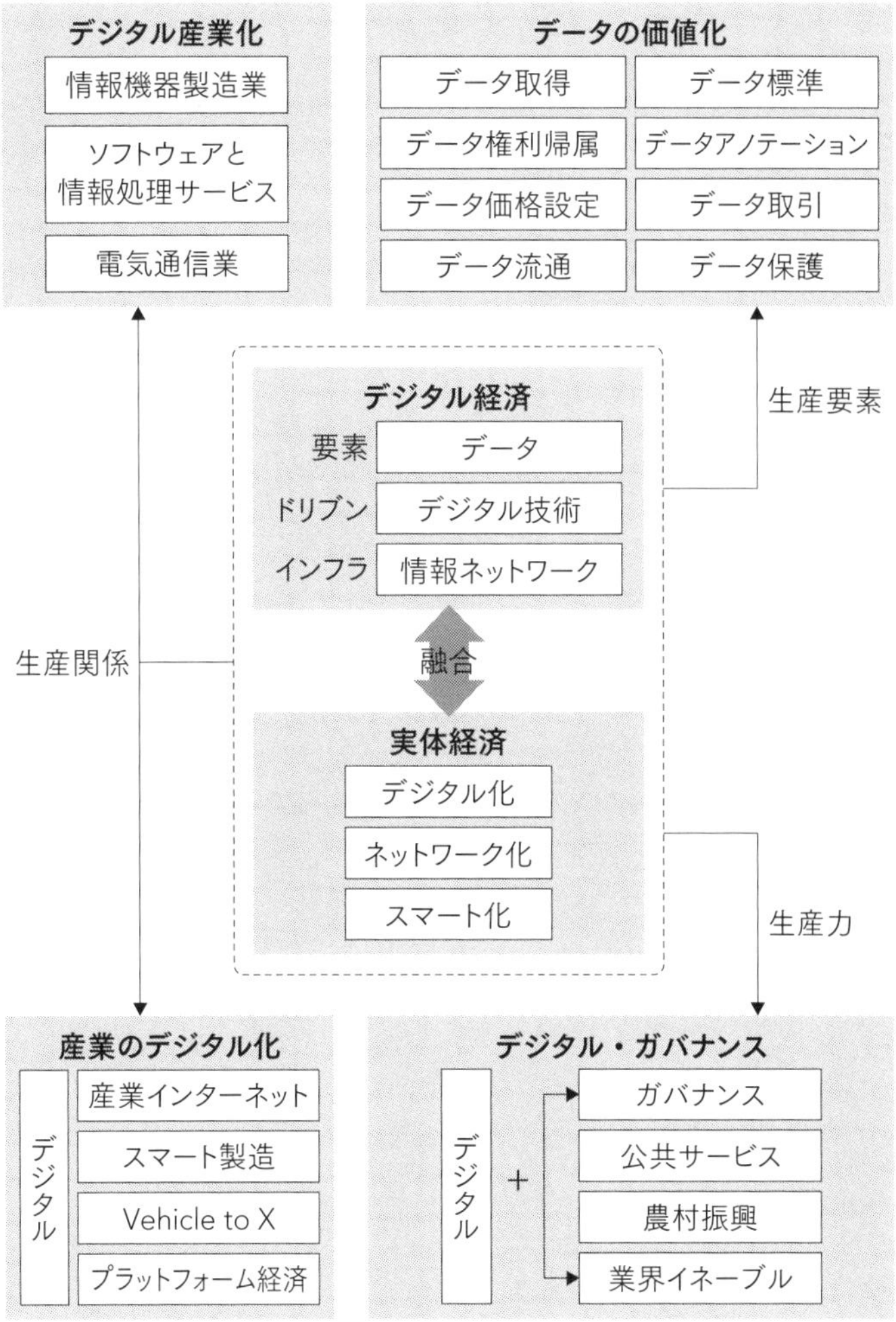

（出所）「中国デジタル経済発展研究報告（2023年）」、国泰君安証券研究報告等よりNRI作成

など新しい産業や業態が含まれる。

データ価値化は、データの収集やデータアノテーションなどの産業や、データ権益の明確化、価格設定などを担うデータ仲介業、取引などを担うデータ取引市場などを含む。

コロナ禍などの影響があるものの、直近5年間を振り返ると、デジタル産業化と産業デジタル化は安定して成長している。

2022年のデジタル産業化は9兆2000億元、産業デジタル化は41兆元に上り、それぞれデジタル経済全体の18・3%と81・7%を占める。いずれもGDPに占める割合は増えつつあり、デジタル産業化7・6%に対し、産業デジタル化は33・9%に達している。産業デジタル化の牽引効果がより顕著だ。

産業デジタル化が牽引役

産業デジタル化は第1次産業、第2次産業、第3次産業に広く浸透している。2022年は第3次産業へのデジタル経済の浸透率が最も高く、44・7%に達した。近年、ネット人口の成長が頭打ちするなかで、デジタル経済が立ち遅れていた中部地域と東北地域、高齢者などのポテンシャル市場への波及が加速している。

中部と東北地域のEC成長率は13・2%と8・7%で、全国の成長率よりそれぞれ9・

2%、4・7%高くなっている。従来、課題としていた高齢者のデジタル格差は、2022年12月現在、60歳以上の高齢者のモバイル決済利用率が70・7%に達し、若い世代との格差は縮小している。

農業へのデジタル経済浸透率は10・5%に達し、2021年より0・4%増加した。デジタル農業技術は農業生産の全プロセスに広く応用され、農業の現代化を支えている。技術の応用により、節水率は50%以上、生産額は20%以上改善されるなど、生産効率への貢献が見られる。

また、SNSなどでライブ配信をしながら商品を販売するライブコマースの普及により、農産物のEC小売額は前年比9・2%増の5313億8000万元に達した。消費者と直接取引できるため、20〜30%も多くの利益を農家にもたらすこともある。

工業のデジタル化の加速はより顕著である。2022年の工業のデジタル経済浸透率は24%で、前年比1・2%上昇した。

デジタルインフラが要

デジタル経済の発展を支えるのは、デジタルインフラである。2018年12月の中央経済工作会議で、5G、AI、IoT、産業インターネット、クラウド・コンピューティングなどのデジタル経済と密接に関連するインフラを、新型インフラと定義した。従来の鉄道、高速道路、空港といった伝統的なインフラと区別し、ハイテク、スマート化、デジタル化という特徴を持つ、デジタル経済を支えるデジタルインフラを指す。

5Gネットワークに代表される通信インフラなどの拡充だけではなく、コンピューティング能力の発展に必要不可欠なコンピューティング・インフラの整備を国家戦略レベルに格上げして、2025年までにコンピューティング能力が電力や水道と同様、オンデマンドで提供されることをめざしている。

東西格差解消をめざす通信インフラ整備

現在、中国では5Gネットワークの普及がかなり進んでいる。2023年7月末時点で既に5G基地局を305万5000局整備し、世界全体の8割以上を占めている。[*4]

2021年末時点では142万5000局だったことから、19カ月で2倍以上に増えたことになる。その普及スピードは世界で突出している。5Gモバイル端末の利用者は6億7600万人に達し、中国のネット利用者の63%を占める(2023年6月末時点)[*5]。

次の5カ年期間中、5Gネットワークやバックボーンネットワークなど高度情報通信ネットワークの拡充は、都市部だけではなく、内陸部や農村部でも力を入れる。

スマートかつ低炭素化、安全でコントロール可能な点、つまり、強靭化も重要視されている。第6世代移動通信（6G）や衛星通信ネットワークといった次世代のデジタルインフラにも取り組み始める。

5Gネットワークは、既に都市部と県以上の行政地区をカバーしている。[*6] 内訳の詳細を見ると、東部と中部、西部、東北地区の5G基地局が全体に占める割合は、各18・7%、15・7%、14・4%、16%だ。5G利用者のモバイルユーザー全体に占める割合は、各26・6%、25・8%、24・9%、23・5%となっている。[*7] これを見ると、デジタル化は東部、中部地域だけではなく、西部など内陸部も含めて均等に普及していることが分かる。

ギガバイトの高速大容量のバックボーンネットワークの敷設も推進している。それによって、都市と内陸部間のネットワーク接続環境を改善し、都市と内陸・農村部のデジタル格差を解消しようとする狙いもある。

強靭化や低炭素化につながる「東数西算」

西部におけるネットワークが整備されるにつれ、中国政府が「東数西算」というデータセンターの分散配置方針を打ち出した。

2022年2月、国家統合ビッグデータセンターの共創ハブ実施計画が発表された。京津冀（北京・天津・河北省）、長三角（長江デルタ）、粤港澳大湾区（広東・香港・マカオなどのグレーターベイエリア）、成渝（成都と重慶）、内モンゴル、貴州、甘粛、寧夏など

8地域で、国家コンピューティング・インフラの中枢拠点と10カ所の国家データセンタークラスターの建設計画が打ち出された。

経済発展の中心で人口が集中する東部地域には、日々膨大なデータが生まれ、蓄積されている。そのため、データを処理するデータセンターの大半も東部地域に集中し、東側にデータがある「東数」という配置となっている。

そのデータの保存・演算・処理の能力を西側の内陸部に分散させることを計画しているのが、西側で演算する、つまり「西算」である。

東数西算の狙いについては、以下の三つのポイントがあると考える。

一つ目は、移転によって内陸部に新たな雇用や産業が生まれ、経済格差が縮小する効果を生む狙いだ。5Gやブロードバンドなどの普及に伴い、東西間のネットワーク遅延が少なくなり、データセンターは東部の利用側に位置する必要性が低くなっている。

二つ目は、環境への配慮だ。周知の通り、データセンターの電力消費量は大きい。水力発電などクリーンエネルギー源が多い内陸部は、東部より電力供給が豊富なうえ、脱炭素への貢献も可能だ。

三つ目は、災害や不測の事態への備えである。東部への過度な集中を避け、分散配置によるシステムの安全性と強靭化を図る狙いだ。

この東数西算は、中国全土でデータとコンピューターの演算と処理能力を向上させ、個別クラウド企業に限らず、コンピューティング能力を全社会のデジタルインフラとして提供することを可能にする狙いがある。

デジタルインフラ建設はなぜ重要か

デジタル格差解消による「共同富裕」の実現

中国には、古くから「豊かになるためにはまず道路を作ろう」という言い伝えがあった。地方の産品をスムーズに運び出すための道路インフラの整備が、その地方の経済活性化のカギを握るという意味だ。

農村地域の貧困脱出の次に、習近平（シー・ジンピン）国家主席率いる中国共産党は人民が共に豊かになる「共同富裕」を達成すべき目標としている。その重点施策として掲げているのは、農村地域や農業のデジタルシフトを通じた農村振興である。

2022年1月、デジタル農村発展行動計画（2022～2025）が農業農村部など10の中央省庁によって共同発表された。同年2月、中央政府が打ち出した政策も、三農問題（農民・農業・農村）をテーマにし、農村インフラ整備やデジタル農村の建設を強調していた。

都市部と農村部のデジタル格差の解消に関する取り組みが功を奏し、2023年6月現在、農村地域のネット人口は3・01億人、ネット普及率は60・5%に達した。農村部のネット普及率は、2006年当初の2・6%から急速に伸びた。この結果、ネットショッピングの浸透、ドローンによる農薬の散布、IoTによる養殖場の飼育状況モニタリング、学校における遠隔授業の導入など、多くの成果を上げた。

モバイル通信速度は日本の3・4倍

AI、高精細画像処理、VR/AR、ブロックチェーンなどの技術の発展、スマートシティ、スマート工場、スマート金融、無人コンビニの実現、自動運転の実用化、現実世界を映写するデジタルツインやメタバースなど、いずれも大量のデータを瞬時に処理する必要があり、その成否はコンピューティング能力だけでなく、高度な情報通信ネットワークにも大きく依存する。

通信ネットワークについては、既に5G建設で世界の先端を走る。序章で示した表P-2のモバイル通信の国別平均速度ランキングを見てほしい。

中東3カ国の躍進は、ファーウェイによる安価で高性能な通信機器を導入した結果だ。2023年12月12日、同社は新製品発表会をランキング第1位のアラブ首長国連邦のドバイで開催した。米国主導による制裁で西側の市場から締め出された同社は中東諸国に活路を見いだしたが、ランキングの結果はそれを反映している。
第2位のカタールは、中東で初めての大規模スポーツイベント「2022FIFAワールドカップサッカー大会」を開催した。中東では初めて商用5Gネットワークが活用された大会だった。設備を提供したのは、もちろんファーウェイだった。[*8]
第3位のクウェートも、ファーウェイが全国をカバーする中東初の商用5Gネットワーク構築を支援している。[*9]
一方、日本は世界55位に落ち込んだ。中国は日本の3・4倍の速さだ。2018年には中国、日本、米国の三カ国の通信速度は、それぞれ30・96Mbps、29・11Mbps、28・5Mbpsであり、ほぼ同水準だった。数年経った現在、日米と中国との差は拡大した。米国よりも日本の遅れはより深刻だ。
全土で着々と整備されている5G通信インフラを支えに、中国の情報通信産業を管轄する工業と情報化部は、2023年中に3000社以上による5G工場の建設を促進する方針を打ち出した。

コンピューティング能力の整備を加速

工業と情報化部の統計によると、2022年末までの5年間にわたって中国のコンピューティング能力は年平均30%以上の増加ペースを維持し、処理性能は180

ＥＦＬＯＰＳ[*10]を超えて世界第2位となった。

ＩＤＣ、浪潮電子信息、清華大学が共同発表した「２０２１－２０２２年世界コンピューティング能力指数評価報告書」によると、国家のコンピューティング能力指数はＧＤＰと正の相関を示している。主要15カ国でコンピューティング能力指数の平均が1ポイント上昇するごとに、その国のデジタル経済は３・５％、ＧＤＰは１・８％成長する。

情報化、デジタル化、スマート化がさらに加速する将来、あらゆるモノがネットワークに繋がる時代が到来し、ＡＩと融合したインテリジェントなＩｏＴ端末が大量に導入され、想像を絶する量の膨大なデータが生成される。これらのデータは、コンピューティングパワーの需要をさらに押し上げるだろう。

ローランド・ベルガーの予測では、２０１８年から２０３０年にかけて自動運転用のコンピューティング能力の需要は３９０倍、スマート工場の需要は１１０倍、主要国１人当たりのコンピューティング能力の需要は、現在の５００ＧＦＬＯＰＳ[*11]未満から２０３５年には1万ＧＦＬＯＰＳへと20倍に増加する。

コンピューティング能力は、デジタル時代のコアコンピタンスになりつつある。

２０２２年5月、西南地区最大規模の成都インテリジェント・コンピューティング・センターが正式にスタートした。東数西算戦略の要であるデータセンター集積地の重要な構成要素として、このセンターは米系半導体チップではなく、ファーウェイが開発したクラウド・スタックと昇騰ＡＩチップによる基盤を採用している。

同年８月、アリクラウドは河北省張北スーパー・インテリジェント・コンピューティングセンターの正式稼働を発表した。同センターは12ＥＦＬＯＰＳのＡＩ演算能力を有し、グーグルの９ＥＦＬＯＰＳとテスラの１・８ＥＦＬＯＰＳを超える世界最大規模（当時）だった。同センターは、ＡＩ基盤モデルの学習、自動運転、空間地理のためのインテリジェント・コンピューティング・サービスを中国企業向けに提供できるようになっている。

その翌月、百度も江蘇省で百度スマートクラウド－崑崙チップ（塩城）インテリジェント・コンピューティング・センターを開設した。

アジア大会の数々の運用からスマート港湾、スマート工場まで、デジタルインフラは、デジタル産業国家の躍進を支える大きな役割を果たしている。米国の制裁による影響を減らすためにも、中国は今後もデジタルインフラの国産化をさらに加速していくだろう。

＊1　新華網　http://www.xinhuanet.com/2023-09/19/c_1212270291.htm.

＊2　ジェトロビジネス短信「瀋陽華晨BMW、EV次世代モデルを2026年から生産」https://www.jetro.go.jp/biznews/2023/05/a933fffbb9b14533.html.

＊3　中国信息通信研究院「中国デジタル経済発展白書2021」より。

＊4　中国工業と情報化部〝2023年1－7月通信業経済運行状況〟より。

＊5　中国インターネット情報センター（CNNIC）「第52回中国インターネット発展状況統計報告」（2023年8月）。

＊6　中国の都市システム計画は、全国、省級、地級、県級、郷級、村級の6つのレベルに分けて策定される。

＊7　2022年5月末時点の数字。

＊8　新浪科技記事 https://finance.sina.cn/tech/2022-12-22/detail-imxxntzh4094010.d.html?from=wap.

＊9　中国駐クウェート大使の寄稿 https://www.mfa.gov.cn/web/wjdt_674879/zwbd_674895/202310/t20231004_11154746.shtml.

＊10　EFLOPSとは、コンピューターの処理速度を表す単位の一つで、1秒間に実行できる浮動小数点演算の回数を100京（けい）回単位で表したもの。科学技術計算などにおける分散コンピューティング・ネットワークなどの性能指標として用いられる。

＊11　GFLOPSとは、コンピューターの処理速度を表す単位の一つで、1秒間に実行できる浮動小数点演算の回数を10億回単位で表したもの。10億FLOPS。

第9章 データ大国路線をひた走る中国

「21世紀の石油」と呼ばれるデータは、デジタル経済の生命線である。データが経済社会の発展に重要な役割を果たすのは言うまでもないが、同時にデータはＡＩや機械学習などの先端技術の発展を支え、イノベーションを推進する基盤ともなっている。

さらに、データ主権やデータ安全が脅かされる場合には、国の安全保障の観点で大きな影響を及ぼすことも考えられる。データの戦略的価値は、ますます重要になってきている。

中国も米国も、第４次産業革命のカギを握るデータ産業で優位に立とうとしている。データの価値を解き放ち、保護するための３つの重要な要素であるデータ主権、データ規制、データ安全という点で、中国と米国は異なるアプローチを採っている。

中国では、土地、労働力、資本、技術に加え、データをもう一つの重要な生産要素と位置付けている。データ規制とサイバーセキュリティに対する中国のアプローチはトップダウンであり、国家が主導して推進し、データの越境について厳しく制限している。これに対して米国は、プラットフォーマーをはじめとした民間企業主導でデータの利活用を推進し、データの自由な流通を重視している。

膨大な市場を持つ中国は名実ともにデータ大国となりつつある。国家インターネット情報弁公室が2023年5月に発表した「デジタル中国発展報告（2022年）」によると、中国のビッグデータ産業の規模は前年比18％増の1兆5700億元（約32兆円）に達した。データ生産量は前年比22・7％増の8・1ZBに達し、世界全体のデータ総量の10・5％を占め、世界2位となっている。

調査会社IDCのレポート「Global DataSphere 2023」によると、中国のデータの総量規模は2027年までに76・6ZBとなり、年平均成長率26・3％は世界トップになると予測している。

米国の中国に対する先端技術規制により、これまでの「市場を提供する代わりに技術を習得する」戦略も「模倣と革新」戦略も維持できなくなってきたことから、中国はデータ価値化戦略を打ち出し、データの価値創造を通じてイノベーションを起こすことでデータ大国への変貌をめざしている。

データ戦略の推移

中国のデータ戦略の発展は、大きく三つの段階に分けられる。データの利活用促進の第一段階から始まり、データ主権やデータ安全を確保するためのデータ3法が策定されたデータ・ガバナンス重視の第二段階を経て、いまやデータに資源や資産として価値を見いだすデータ価値化の段階に入った。以下、次ページの図表9－1に沿って、中国のデータ戦略に関する主な政策を簡単に振り返る。

公共データから利活用がスタート

２０１４年３月、政府活動報告の中で初めてビッグデータに言及されて以降、政府が打ち出すデータ戦略が注目されてきた。２０１５年８月、国務院は「ビッグデータの発展促進に関する行動要綱」を公表し、中国におけるビッグデータの発展および運用を全面的に推進し、データ強国の建設を加速することを明言した。

ビッグデータの収集と活用は国家戦略レベルに格上げされ、２０１６年３月16日には、全国人民代表大会（全人代、日本の国会に相当）で採択された今後の経済・社会政策の基本方針を示す「中華人民共和国国民経済・社会発展第13次５カ年計画要綱」に「国家ビッグデータ戦略の実施」が明確に盛り込まれた。

図表9-1　中国のデータ戦略に関する主な政策

データの利活用促進	2015	国務院：**「ビッグデータの発展促進に関する行動要綱」**を公表
	2016	工信部：**「ビッグデータ産業の発展計画（2016-2020年）」**
	2017	**「サイバーセキュリティ法」**施行
データ・ガバナンス重視	2019	第十九期四中全会では初めて「データは生産要素として、貢献度によって参加＆分配できる」と提起
	2020	中国共産党中央委員会および国務院：**「完全なる要素市場化配置メカニズムの構築に関する意見」**を公表 **データ要素の市場化**
	2021	**「データ安全法」、「個人情報保護法」**施行 国務院：「要素の市場化配置総合改革試行の実施方法案」を公表
データ価値化の推進	2022	「データ要素をより活用するためのデータ基本制度の構築に関する意見」を公表（通称**「データ二十条」**）
	2023	**「国家データ局」設立** 「企業データ資源関連会計処理暫定規定」 **「データ資産評価指導意見」**を公表

（出所）拙著『チャイナ・イノベーション2〜中国のデジタル強国戦略』、公開情報より筆者作成

これを受け、国土資源部が「国土資源ビッグデータの応用並びに発展の促進に関する実施意見」、交通運輸部が「交通運用産業のデータ資源のオープン化および共有に関する実施意見」を発表するなど、公共データからの利活用が推進されていった。

データ産業の海外依存度が減少

筆者が注目したのは、政府がこのデータの利活用促進段階でデータを収集、管理、分析する技術が海外に依存していることを把握し、データ産業の発展に欠かせないコア技術やソフトウェア製品の自主開発に着手したことだ。

２０１６年12月、工業と情報化部はビッグデータ産業の発展計画（２０１６～２０２０年）を公表し、ビッグデータ関連技術および製品研究開発を重点タスクとして挙げた。ビッグデータの収集、伝送、保存、管理、処理、分析、応用、可視化、セキュリティのための主要技術の研究開発、ビッグデータ・アプリケーション・インフラ、情報セキュリティ製品、新しいリレーショナル・データベース、NoSQLデータベース、次世代分散型コンピューティング・プラットフォームなどのコア情報技術や製品の研究開発の強化を掲げた。

２０１６年当時、ハイテクをめぐって米中が激しく対立する関係になるとは当局も予想していなかったはずだ。にもかかわらず、データを扱う基盤インフラやコア技術、ソフトウェア製品の自主開発を進めていたことで、中国は米国の輸出規制などによるダメージを軽減できたと思われる。

実際、データベース管理システムや大量のデータを保管・処理できるクラウド・コンピューティング・システムなどの分野で地場のシステムベンダーが育ち、海外への依存度が低くなったことは中国にとって幸いだった。

データ・ガバナンスの強化

現在、世界130カ国を超える国がデータとプライバシー保護の法律を策定し、60以上の国・地域は、データ主権およびデータ越境に関する法律を策定している。データを重要な資源として位置付けた中国も例外ではなく、2017年から相次いで法制度を整備している。

具体的には、(1)2017年6月施行のサイバーセキュリティ法、(2)2021年9月施行のデータ安全法、(3)2021年11月施行の個人情報保護法がある。

サイバーセキュリティ法は、中国初のサイバー空間セキュリティ管理に関する基礎的な法律で、サイバー空間の管理に関するものだ。データ安全法は、データ処理活動のセキュリティ、開発および利用に関するものだ。個人情報保護法は、個人情報の保護に関する法律だ。

　このデータ三法を通じて、デジタル時代におけるサイバーセキュリティ、データ安全および個人情報権益の保護といったデータ・ガバナンスの強化を図る狙いを持っている。データ安全関連の法律では、重要データ、個人情報の扱いや海外への移転に関して、企業に管理や申請手続きを要求している。

　中国国内でシステムを運用・保守・使用している企業であれば、基本的にすべての企業が適用対象となる。そのため、外資系企業を含め、企業活動にも影響が出ている。

データ三法はそれぞれ対象者に対して、安全管理体制をつくって情報セキュリティやデータの安全をしっかり管理することを求めている。重要データの取扱原則とデータの越境移転の審査に関しても、それぞれの法律で遵守を求めている。

　これに違反すると影響は重大で、国家のサイバーセキュリティに危害を及ぼすと判断された場合には、罰金に加えて関連業務の一時停止、ウェブサイトの閉鎖、業務許可の取り消しまたは営業許可証の取り消しとなる可能性もある。

滴滴出行（DiDi）、罰金1600億円と米上場廃止

　データ三法の施行後、注目されたのがタクシー配車サービス大手滴滴出行（ＤｉＤｉ）の違反事例だ。２０２１年７月、中国のＩＴ行政を所轄する国家インターネット情報弁公

室は、データ三法および行政処罰法に違反したとして、DiDiに対して人民元80億2600万元（約1600億円）の罰金を科した。同時に、創業者の会長兼CEO程維と社長柳青にそれぞれ100万元の罰金を科した。

さらに行政指導によって配車アプリのダウンロードが停止され、米国での上場廃止に追い込まれた。大変重い処分だが、全部で16項目の違反があると指摘された。主にアプリ利用者の年齢や学歴、生体情報などの個人情報を違法に収集したことや、詳細は非公開だが、国家安全や情報インフラの安全にも脅威を与えたとしている。

不正に取得された個人情報が647億9000万件と膨大であったことから、今回の処罰では法律の条文で規定された罰則の上限が適用された。タクシー配車サービスは民間ビジネスと思われがちだが、それが市場シェアの9割以上を握るサービスともなれば、社会インフラに相当すると見なされたのかもしれない。

アリペイ「実質的支配者なし」

同様に社会インフラと見なされるのが、いまや中国の決済インフラとなっているアリペイだ。2024年1月2日の中国メディアの報道によると、中国人民銀行は「支付宝（中国）網絡技術有限公司」（アリペイ）が「実質的支配者なし」に変更することを認可した。

2022年、アリペイの親会社アント・グループの上場が直前で延期されて以降、同グループの動向は常に注目されてきた。2023年1月7日、同グループは株主構成の調整を行い、創業者・馬雲（ジャック・マー）が持っている議決権が53・46％から6・208％に低下していた。

今回の調整完了後、直接的にも間接的にも主要株主が単独または共同でアント・グループを支配することはなくなった。市場アナリストは、議決権の分散は会社の競争力とリスク対応能力の向上に資すると指摘している。

拙著『チャイナ・イノベーション2』では、アント・グループの上場停止の動きについて詳細に分析した。その中でアント・グループをめぐる問題の背景に、国の決済インフラを担うアリペイが蓄積する膨大な決済データに関連して、「データは誰のものか？」という大きな問題があったことを指摘した。

そのアリペイが「実質的支配者なし」となることの意味は、民間企業アリペイのデータが外資の手に渡ることは絶対に許さないという独禁当局の意思の表れだろう。つまり、これはデータ・ガバナンス強化の一環と見ていい。

データ・ガバナンスと外資系企業

中国のデータ三法によって実施されているデータ・ガバナンスについて、その規定が曖《あい》昧《まい》で戸惑う外資系企業が多い。データ三法の条文はあくまで基本方針のみを示しており、具体的な対象範囲や実施方法など不明瞭な点があることは否めない。

これは中国の法制度の特徴でもあるが、実施している過程で順次、詳細な規則が公開されることが一般的だ。日本企業は過度に神経質にならず、順次公開される詳細な規則に従って冷静に対応することが望ましい。

これまでサイバーセキュリティ法に関する詳細な実施規則では、ネットワーク安全審査弁法、ネットワーク製品およびサービス安全審査規則、重要情報インフラ安全保護規制などが発表されている。

日本企業で一番関心の高いデータの越境移転についても、その実務運用を指導するという目的で、国家ネットワーク情報弁公室は2022年2月、個人情報越境移転標準契約弁法（6月施行）、同年7月にデータ越境安全評価弁法（9月施行）を発表した。

これによって、データの越境移転に関する適用範囲、データ処理者の自己評価責任と申告義務などが詳細に規定された。同年8月には、企業がデータ越境の安全評価を実施するためのガイドラインも公表され、データ越境安全評価の申告方法、申告プロセス、申告資料に関する具体的な要求事項が示された。
それでも、前例がないことから、次のような課題が存在する。
（1）重要データが判断しにくい。例えば、日本企業が中国国内で開発した自動運転のアルゴリズムなどは重要データに該当するのか。
（2）個人情報越境移転の際、標準契約や個人情報保護認証の対象範囲が広く、必要性の検証が困難。
（3）審査期間が長い傾向があり、何度も申告資料の提出が求められるため、企業と監督管理部門の双方にとって、コストおよび負担が大きい。
パナソニック中国拠点トップの話によると、2年かけてやっと規制に対応するための準備ができたという。その他、曖昧なルールが若干残されているため、用語などの解釈で、関連監督部門と企業とが異なる解釈をする可能性がある。

こうした背景から、2023年9月、国家インターネット情報弁公室は、データ越境流通を規範化・促進する規定（意見招集版）を発表した。個人情報越境移転標準契約弁法やデータ越境安全評価弁法などの規定を実施する中で、例外となるケースを明確にして、データ越境規制を緩和した。

コラム―中国（上海）自由貿易試験区によるデータ越境規制の緩和措置

2023年12月7日、「中国（上海）自由貿易試験区における国際的な高水準の経済貿易ルールとの全面的な接続と高水準の制度型開放の推進に関する全体計画」に関する国務院の通達が出された。

その中では、「高水準のデジタル貿易ルールの実施を主導する」という条項があり、国境を越えたデータの流れについての国際連携をさらに促進する構えだ。この全体計画は、商務部が関連部門と共同で、包括的かつ先進的な環太平洋パートナーシップ協定（CPTPP）、デジタル経済パートナーシップ協定（DEPA）、その他の国際的な高水準の自由貿易協定のルールと規制を参考に、2023年6月の実証実験に基づいて策定されたものだ。

合計7つの分野に対して、80もの措置を打ち出した。主なポイントは次の3点。

- データの分類と階層別保護制度に従い、上海自由貿易試験区が率先して重要なデータカタログを策定することを支援する。
- データ輸出のリスクを自己評価するようデータ処理業者を指導し、合法的で安全かつ便利な越境データ流通メカニズムの確立を模索し、企業の越境データ流通の利便性を高める。

● データ安全管理に関する認証制度を実施し、認証を通じて、企業のデータ安全管理能力およびレベルの向上を図り、個人情報保護に関する要求を満たす標準またはベストプラクティスを形成する。

データ価値化を牽引する国家データ局

2023年3月7日に開かれた全人代の会議では、国務委員兼国務院秘書長の肖捷が国務院機構改革案を説明した。多くの省庁が統廃合され、科学技術のイノベーションを促進するための科学技術部の再編が機構改革案のトップとして打ち出された。

科学技術の国際競争の激化や外部からの先端技術の輸出規制という厳しい状況に直面し、科学技術の指導と管理システムをさらに合理化する必要があるとの指導部の危機感の表れだ。省庁レベルで唯一新設されたのが国家データ局である。

設立趣旨について、データ資源とデジタル経済の重要性を強調したうえで、データの利活用の促進やそのための分野横断的な相互接続と相互運用の推進、デジタルインフラの配置と構築の推進が改革案に書かれている。

図表9-2　国家データ局の組織

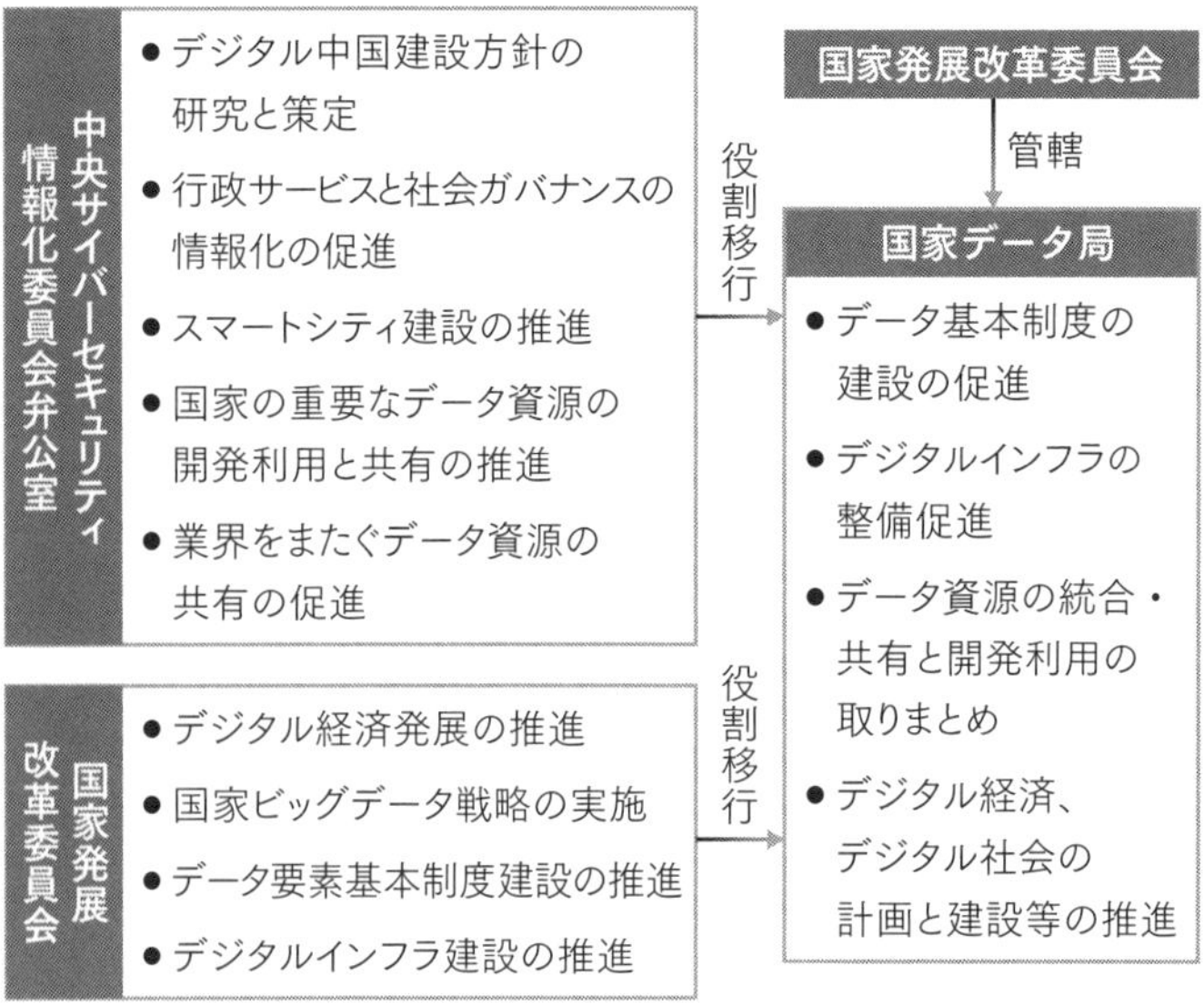

（出所）新華社等の発表資料より筆者作成

経済発展の役割を重視

国家データ局設立の狙いについて見ていく。

（1）デジタル経済発展の要としてのデータ

今回、国家データ局は、国務院の中核組織である国家発展改革委員会の下に置かれた。従来、中央サイバーセキュリティ情報化委員会弁公室が担ってきたデジタル中国の建設・立案、デジタル社会ガバナンスやデータ資源の利活用などの役割と、国家発展改革委員会が担ってきたデジタル経済発展、ビッグデータ戦略の推進などの役割を統合する形となっている（図表9－2）。

国家発展改革委員会は経済政策全般の立案から指導までの責任を負う組織であり、各産業の管理監督や公共事業の認可など経済政策全体に強い権限を有している。そこに直属するのは、データ安全などの守りの役割よりも経済発展の役割をより重視することを意味する。

（2）データ戦略の実行役として権限を集約

2015年にビッグデータの発展を促進する行動綱要が公表されて以降、数年間で北京、天津、広東、浙江、山東、貴州など十数省・市の地方政府が相次いで独自のビッグデータ管理機関を設置した。

2017年までに各地方都市に貴陽ビッグデータ取引所をはじめとする16のビッグデータ取引所、取引センターが設立されたが、それぞれの報告先と役割が異なっており、地域間でのデータ連携がうまくいかないという課題があった。

北京は2018年11月に北京市ビッグデータセンターを設立したが、これは北京市経済情報化局の配下に、天津のビッグデータ管理センターは、天津市党委員会インターネット情報弁公室の配下にある。

国家データ局の設立によって、国家レベルで指揮系統を統一し、各地域の連携をより進めやすくする狙いもある。また、データ二十条の実質的な推進役として、データ取引の制度設計や、データインフラの構築に対する国の支援を充実させるなど、データ産業の発展を促進することも期待される。

主な役割

政府の発表によると、国家データ局には主に二つの役割がある。

（1）データ要素基本制度の構築

図表9－3に示すデータ要素基本制度の構築を通じ、データ資源の発掘とデータの効率な流通の推進、社会ガバナンスや産業経済における実応用に立脚した革新的なデータ利活用を実現することである。

その中心となっているのは、データ流通・取引制度の構築ならびにデータの利活用の促進である。国家データ局の設立により、これらの制度設計および実装がさらに加速すると見込まれる。

（2）デジタルインフラの整備促進

デジタルインフラとは、5G、AI、IoT、産業インターネット、クラウド・コンピューティングなどのデジタル経済と密接に関連するインフラのことで、従来の鉄道、高速道路、空港といった伝統的なインフラと区別し、ハイテク、スマート化、デジタル化という特徴を持つ。

図表9-3　中国のデータ要素基本制度の制度設計

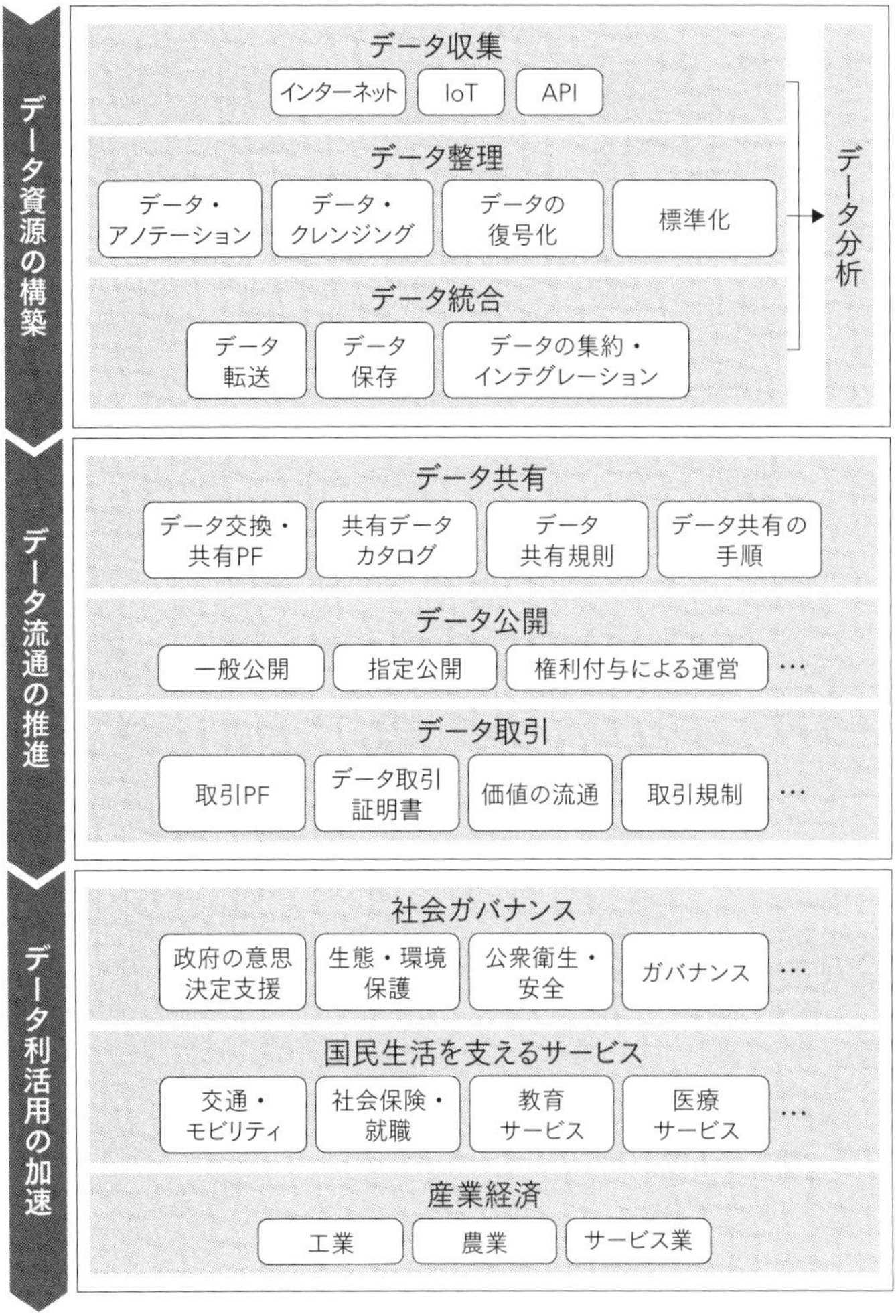

（出所）NRIと中国信息通信研究院との国際共同研究の成果からNRI作成

この中では、ＡＩ産業の発展に欠かせないデータとコンピューターの計算と処理能力の整備が重要視されている。中国は、２０２５年までに、東数西算プロジェクト等を通じ、データとネットワークの連携、データとクラウドシステムの連携などを実現し、電力や水道と同様、コンピューティング能力をオンデマンドで提供できるようにすることをめざしている。国家データ局は今後このような国家プロジェクトの推進役としての役割を果たすと見られている。

「インターネット＋〈プラス〉」から「データ要素×〈掛ける〉」へ

国家データ局など17部門は２０２４年１月５日、「『データ要素×』３カ年行動計画（２０２４―２０２６年）」を発表した。

この行動計画は、国家データ局が最初に発表した政策だ。計画では、２０２６年末までに、３００以上の代表的な応用場面を創出し、データ産業のエコシステムの形成を図るとともに、データ産業が年平均20％以上の成長を遂げ、データの取引規模を倍増させ、データ要素の価値創造を促進する新業態が高品質な経済成長の新たな原動力となるという目標を打ち出している。

実は四則演算の記号を使った名前が付いた政策で経済発展に大きく貢献した政策があっ

た。2015年3月、首相の李克強（当時）が政府活動報告で提唱した「互聯網＋（インターネット・プラス）」だ。

この政策は、インターネットを活用してあらゆる産業を高度化し、付加価値創造を高めるという戦略だった。この戦略の下、モバイル・インターネットやクラウド・コンピューティングといったデジタルインフラが普及し、電子商取引、モバイル決済、ライドシェアなどの新しい産業が生まれた。ビッグデータやIoTなどを駆使した製造業の近代化など一連の変革をもたらした政策だった。

今回の「『データ要素×』3カ年行動計画」は、中国のデジタル経済の発展がデジタル技術（特に情報通信技術）の導入と応用が主要な成長要因となっている「インターネット・プラス」ステージから、データが主要な成長要因かつその相乗効果が発揮できる新しいステージに移行したことを意味している。

データ価値化という戦略により、中国の膨大なデータ資源の優位性を新たな国家的競争力の優位性へと転換していくという狙いを秘めている。米中が協調していた時代の「インターネット・プラス」から、米中が激しく対立する時代の「データ要素×」への転換は、ある意味で国家の存亡を懸けた戦いに臨む中国の決意とも読める。

データと産業の掛け算による相乗効果

「『データ要素×』3カ年行動計画」では、製造業、農業、流通業など12の産業や分野を例に挙げ、データ要素との相乗効果を図ることを積極的に推進する。中でも、製造業を最優先に挙げている。

国家データ局局長の劉烈宏は「グローバル・データ・エコシステム・カンファレンス2023」で、「様々な業界におけるデータ要素の相乗効果について、異なる種類や次元のデータを集約することで量的変化から質的変化をもたらし、予期せぬ価値を得ることも可能だ」と発言した。[*1]

劉は、以下の具体例を挙げた。

(1) 製造業サプライチェーンのデータを連携することで、サプライチェーンの川上と川下の部品工場とコア企業の間で効率的な共同研究開発と製造を実現し、研究開発サイクルを短縮でき、より高い品質と性能を備えたコストパフォーマンスの高い製品を生み出すことができる。

(2) 臨床診断に使用されるヘルスケアデータは、医師がより正確に病気を治療するのに役立つだけではなく、医学研究や医薬品開発にも応用されることで、新薬の発売を早め、治癒率を向上させることができる。

さらに保険業界に応用されることで、カスタマイズされた保険や適切な価格設定を実現し、ヘルスケア製品やサービスの向上に繋がる。
（3）道路状況、交通量と車両移動データを相互連携させ、車両センサーデータや利用者ユーザーの嗜好など関連情報の組み合わせが実現できれば、自動運転支援機能の向上や、利用者向けレコメンド機能の向上に繋がり、安全性や運転体験、旅行効率の向上に繋がる。業界全体の技術革新とビジネスモデルの転換を可能にする。
（4）公共部門は税金、社会保障、水道、電気、ガスなどのデータを大量に蓄積しており、これらは銀行などの商業機関にとって重要なデータ資源となる。これらのデータを適切に処理し、銀行などの商業機関と共有することで、与信審査をサポートし、中小企業への融資や包括的な金融サービスを高度化することが可能になる。

コラム―データの相乗効果を読み解く

データの相乗効果はどのように発揮できるか

データは無制限に複製できることから規模の利益が得られやすく、複製コストが低いという特徴があり、異なる要素との組み合わせによって相乗効果を生み出すことができる。

- データと人的資源、資本、技術等伝統的な生産要素と「掛け算」すると、人々の高度な知識と技術の学習と利用を促進し、人的資源の質を向上させ、労働生産性を高めることが可能だ。
- データと応用分野を「掛け算」すると、様々な分野で再利用し、その価値を最大化することができる。例えば、気象情報は、防災に活用すると異常気象による災害等を最少限に抑えることを可能にし、金融業界で活用すると、天候インデックス保険や気象デリバティブなどの気象現象に対する金融派生商品の設計にも役に立つ。
- 異なる分野のデータを「掛け算」する、つまりデータ融合すると、技術革新の可能性を一段と高められる。オープンAI社のChatGPTの開発を例に挙げよう。GPT－1とGPT－2の初期段階では、オープンAI社が使用した学習データ量はそれぞれ5Gと40Gで、モデルの学習効果はごく一般的なものだった。しかし、GPT－3モデルでは、その学習データ量が45T（GPT－2の約1000倍）に達し、モデル生成の効果が大幅に向上できた。これは、データ融合が質的な変化をもたらし、技術革新を起こすことを実証している。

公共データから先行して「掛け算」する

データは生成主体の違いにより、個人データ、公共データ、企業データの３つに分類される。個人データとは、電子的またはその他の手段で記録された、識別または特定可能な自然人に関連するあらゆる種類の情報を指す。

公共データとは、公共管理およびサービス機関が、法定任務の遂行および公共サービスの提供を目的として収集・生成した公共的利用価値のある情報を指し、政府の行政データと公共サービスのデータの２つの主要カテゴリを含む。

企業データとは、企業の生産・運営活動の過程で作成または生成され、電子的またはその他の手段で記録された情報を指す。

中国では、公共データから先行してデータ価値化を進めている。既に国家、省、市レベルでの複数階層のデータ共有・交換システムが構築されている。２０２１年５月時点で「国家データ共有・連携プラットフォーム」には65万以上のオンライン・カタログがあり、１２００以上のデータ連携インターフェースをリリースし、累計37億回以上のデータ照会・検証サービスを提供している。

政府データのオープン化に関しては、２０２１年10月時点で１９３もの省・市の地方政府がオープンデータ・プラットフォームを立ち上げており、これには20の省レベルのプラットフォームと１７３の市レベルのプラットフォームが含まれる。

国家工業情報安全発展研究センターの「データ要素市場発展報告（2021～2022）」によると、浙江省オープンデータ・プラットフォームを例にとると、1万8960個のデータセット、9万7147個のデータ項目、6217億8954万件のデータを公開し、プラットフォームのダウンロードとアクセスの回数は4148万回に達している。

企業データの連携基盤としての「星火BIF」

「データ要素×」の行動計画では、公共データの他、企業データの利活用も重視される。すべてのモノのデータがネットで繋がる時代が到来し、製造業など産業データの収集および流通、利活用が可能となっている。

ただし、データを流通させる際、プラットフォーマーによるデータの寡占化やデータのフォーマットの不一致によるデータのサイロ化が課題となる。データの提供元の企業も、生産データなどをそのまま連携すると、企業機密が漏洩するリスクがあると懸念している。

そこで中国は、ブロックチェーン技術、暗号化技術、分散型ID（DID）技術（注：DIDとは、分散型識別子／分散型IDの双方の意味が含まれる）、プライバシー・コンピューティング技術などを活用して、産業におけるデータ連携基盤を整備し始めた。

中国信息通信技術研究院が主導する「星火（Xinghuo）ＢＩＦ」という名のデータ連携基盤はその代表例である。

星火ＢＩＦは、ブロックチェーン技術をベースに開発したインフラで、既に商品のトレーサビリティ、商流ファイナンス、充電ステーションのシェアリング、スマート製造のデータ連携、炭素排出データの追跡、知的財産権の保護、デジタルアセットなどの分野での実装例があった。シーメンスと炭素排出データの追跡プラットフォームＣＲＣを通じて、サプライチェーンの上流と下流の炭素排出データの連携を実現した。

パナソニックの合弁会社パナソニック四維モビリティテクノロジーサービスが提供している電池分析クラウドサービスBetteRRRy（ベタリー）も、星火ＢＩＦを活用して、顧客企業の電池利用データの安全な流通を実現している。このプラットフォームは、マレーシアとの貿易取引におけるデジタル書類の流通など、グローバルへの展開も視野に入れている。

産業データの連携基盤としての星火ＢＩＦの取り組みはスタートしたばかりだが、これまで個々の企業の中だけに閉じられていたデータが連携・流通できることにより、データ価値化戦略の実現に向けて大きな一歩が踏み出されたと言えよう。

図表9-4　データの所有権制度

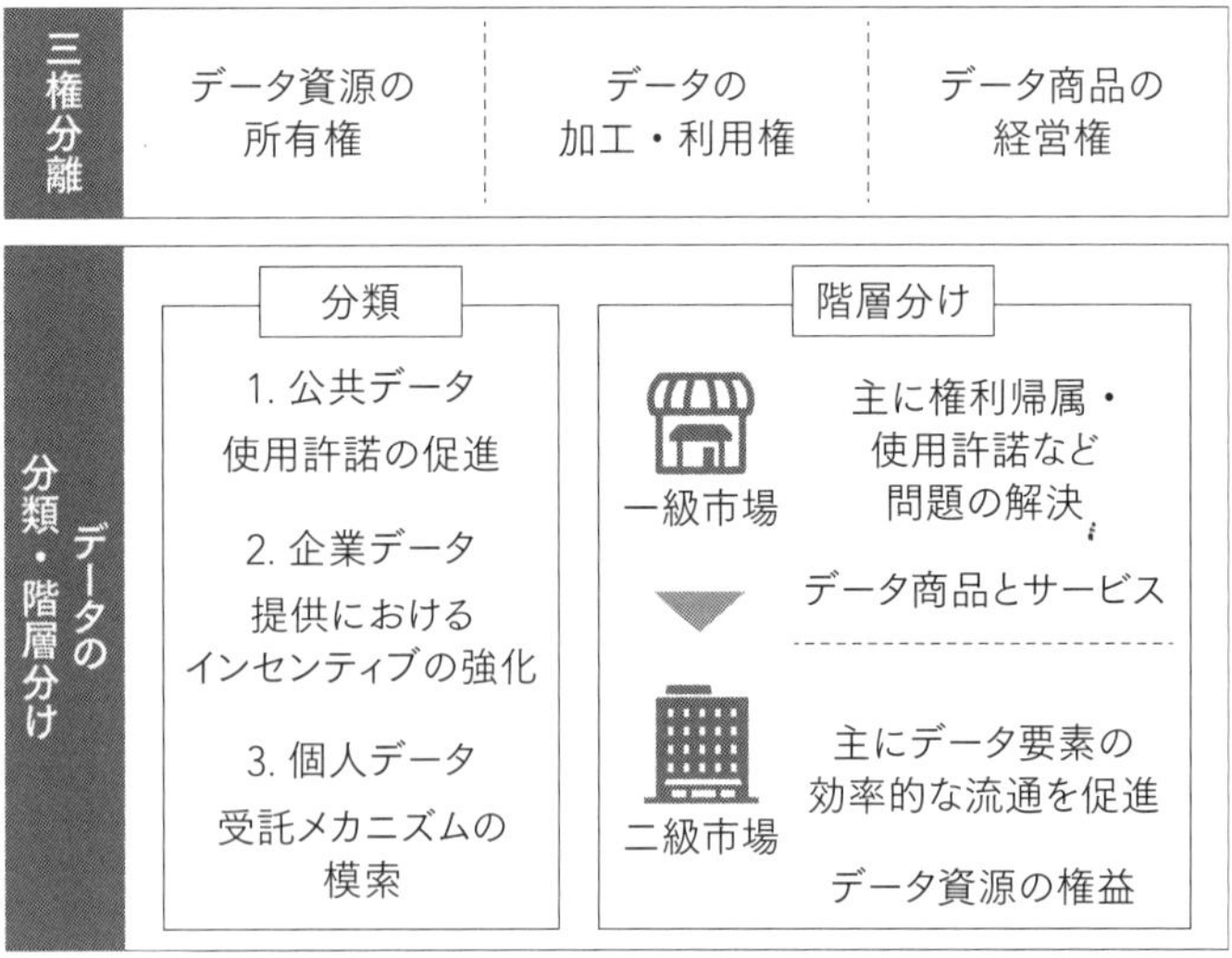

（出所）「データ二十条」を参考に筆者作成

データの基本制度の整備

データ価値化の実現に向けて、着々と制度設計が進んでいる。2022年12月、中国共産党中央委員会および国務院が「データ要素をより活用するためのデータ基本制度の構築に関する意見」（「データ二十条」）を発表し、データの所有権制度、流通取引制度、収益分配制度、安全ガバナンス制度を中心に、データの基本制度を設計した。

データの資源化・資産化・資本化という戦略が打ち出され、国主導でデータの権益確定、流通、取引、価値化を推進することが明確にされた。

データの所有権制度では、図表9－4の通り、世界で初めてデータの権益の三権分離、データの分類・階層分けの考え方が示された。データの本格的な流通に向けて、制度面の整備が一歩前進した。

データ取引市場が相次いで開設

2020年頃から、中国ではデータの流通を加速させるため、データ取引市場の育成に関する動きが再び活発になっている。2021年3月31日に北京国際ビッグデータ取引所、同年11月25日に上海データ取引所、2022年11月15日に深圳データ取引所といった具合に、主要都市にビッグデータ取引所が相次いで開設された。2023年末時点で、報道に上がった中国のデータ取引所は、48社もあるという。

上海データ取引所の取引開始初日には、金融、通信、交通など8つの分野の20種類のデータ商品が取引された。代表事例は、中国工商銀行上海支店と国家電網上海電力による電力データ商品に関する取引だ。

このデータ取引によって、銀行が電力情報などの公共データを活用してより正確な融資判断を可能にすることが期待され、データの民間事業への活用が一歩踏み出した。

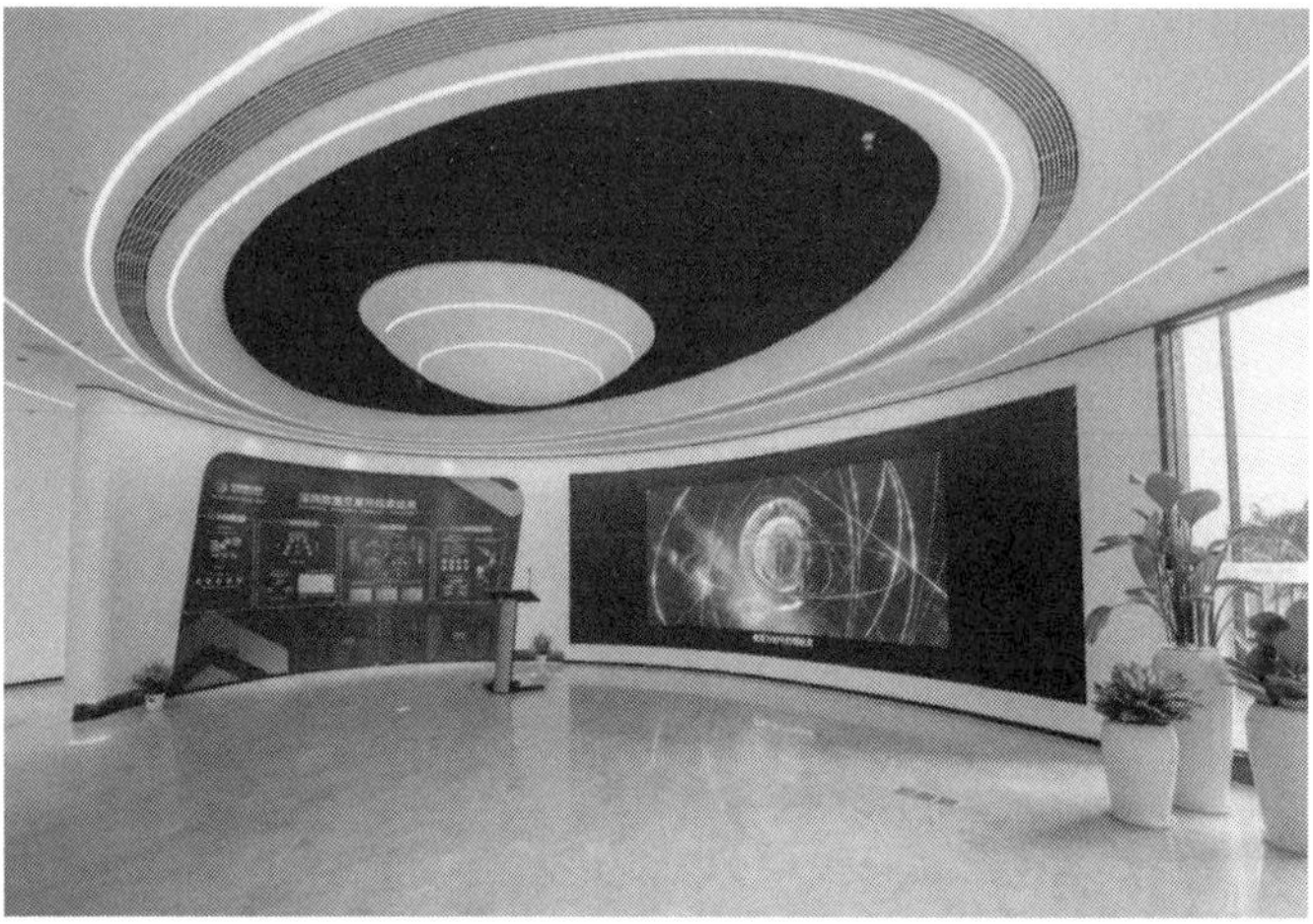

深圳データ取引所の内部

「データ二十条」の発表により、データ流通がさらに加速している。深圳データ取引所では、２０２３年末までに１９００種類のデータ商品が取り扱われ、取引規模は65億元（約１３００億円）に達した。うちデータの越境取引額は１・１億元（約22億円）にのぼった。データ販売者、データ仲介者、データ提供者などのステークホルダーは１７０６社に増加し、取引は30の省と１２８の都市をカバーしている。

取引事例の中では、大規模言語モデルの訓練に必要な高品質なデータセットの取引事例もあるようで、今後このような取り組みは、大手によるデータの寡占の課題を解決し、ＡＩをはじめとして先端技術の発展を支え、デジタル経済時代のイノベーションをさらに促進するだろう。

1：新京报記事　https://m.bjnews.com.cn/detail/1700875007169347.html.

結論

中国テック企業の盛衰

トランプ米大統領の中国訪問を控えた２０１７年11月、米タイム誌が表紙に中国国旗の五星紅旗の色である赤と黄の地に英語と中国語で「中国が勝った」という短い字句を載せ、話題となった。

２０１７年当時、テンセントやアリババを代表とする中国の新興テック企業の時価総額が世界ランクのトップクラスに仲間入りし、グーグル、アマゾン、フェイスブック（現・メタ）に次いで、世界4位と5位にランクインしていた。

ところが、そんな状況が一変する。２０１８年に入ると、トランプ政権下で米中貿易戦争が勃発したのだ。その後のバイデン政権では国家安全保障上の懸念からハイテク分野の製品や技術の対中輸出規制に発展し、米中のデカップリングがさらに進んだ。

米国の指導者は、中国を脅威、戦略的な競争相手と見なし、「国際秩序を変える意図とそれを実現する経済力、軍事力、技術力を備えた唯一の競争相手」と位置付けた。日本やヨーロッパ諸国を巻き込んだ先端技術・設備の輸出規制を中国に課すようになった。ハイテク分野の人材や資本の対中規制に加え、アップルのiPhoneなどハイテク関連の中国国内にある生産ラインやサプライチェーンを他の国へ移転する動きも加速している。

このような環境変化を受け、中国企業の海外進出が難しくなり、これに加えて、中国国内のインターネット人口増加の頭打ちによる国内市場の競争激化に伴い、百度、アリババ、テンセントなどのテック企業は、ビジネスモデルの転換を余儀なくされた。

アリババの場合、その売上高の前年同期比は、2019年から2020年まで概ね30%以上の高成長を記録していた。それが2021年1－3月期の63・9%をピークに、その後33・8%、29・4%、9・7%、8・9%と急速に減速した。さらに、アリババの2022年4－6月期は、上場後初の減収（マイナス0・1%）となった。

収益力を示す当期純利益の前年同期比もマイナス成長が続いている。中国イノベーションを代表したアリババだったが、その10年続いた高成長には終止符が打たれたといえる。

2024年2月時点で、日本経済新聞社が集計した世界企業の株価時価総額ランキング（ドルベース）によると、上位10社から中国企業が姿を消し、最も順位が高かったテンセントですら26位で、その時価総額はメタの4分の1に過ぎない。

新たな主役が登場

アリババとテンセントが牽引したチャイナ・イノベーションの時代が去った後、航空宇宙、バイオ、半導体、高度情報技術（量子科学、ブロックチェーン、ビッグデータなど）の先端分野から新たなテック企業が台頭してきた。

欧米の先端技術に乗っかり、応用面に工夫を凝らして成長していた以前とは異なり、5G、AI、ブロックチェーン、デジタルツインなど、デジタル化時代の基幹となる技術開発で米国など先進国と遜色なく競争する企業群がチャイナ・イノベーションを支えるようになった。

5G、基本ソフト（OS）やドローンなどの先端分野で西側の包囲網を突破したファーウェイやDJIは、新たな主役として表舞台に登場した。

ファーウェイは2024年1月、独自OS「ハーモニーOSネクスト」を発表し、世界のスマートフォンOSを独占するアンドロイドからの脱却をめざしている。このOSには、1・2億行のソースコードがあるが、アンドロイドの著作権で保護されたコードは1行もない。競合OSに先んじて、携帯電話、ウェアラブル端末、各業界の専門端末の相互接続と相互運用を実現した。その結果、30年以上にわたって欧米OSに支配されてきた中国企業の歴史に完全に終止符を打った。

調査会社カウンターポイントの中国スマートフォン週間販売統計によると、ファーウェイは2024年の最初の2週間で販売台数第1位となった。iPhoneの生産ラインのインドなどへの移転に伴って大幅な受注減で打撃を受けていた中国国内の下請け工場が、ファーウェイの新製品の登場で、再び活気を取り戻している。ファーウェイ復活は、デジタル産業を含む中国経済全般に活気を与えている。

チャイナ・イノベーション「2・0」への転換

米国のファーウェイ制裁は、これまで先進国が優位に立ってきたバリューチェーンの上流に中国企業が進出するのを抑え込むことに狙いがある。中国企業がこの包囲網を乗り越えるためには、模倣ではなく、さらなるイノベーションが求められる。

アリババグループ創業者の馬雲が「私たちが真の成功を収めるためには、他を追い越すためにカーブで加速するのではなく、道を変え、別の道で他と競争しなければならない」と語ったことがある。

馬雲の言葉通り、これまで中国企業が取り組んできた欧米企業を「カーブで追い越す」戦略から、「新しい道を切り開く」戦略に切り替える段階が到来した。「カーブでの追い越し」はF1などの自動車レースで使われる用語に由来する言葉で、社会発展の転換点を表す「カーブ」に差し掛かったところで一気に追い越すことを表現している。

２０１５年に国家戦略として打ち出された「インターネット＋」は、まさに「カーブで追い越す」戦略で、インターネットの波にうまく乗って、モバイル決済、電子商取引、シェアリング・エコノミーなど一部の分野で、中国はデジタル先進国の仲間入りを果たした。

ただ、これはあくまで同じ道でのレースであり、先行者がカーブで減速する気配がなければ追い抜ける望みは薄く、場合によってはカーブでスピードを出し過ぎてコースアウトしてしまうリスクすらある。

そこで同じ道ではなく、違う道を切り開き、新しい分野で先に優位に立つことを狙う戦略への転換が必要となる。チャイナ・イノベーション「２・０」への道だ。

電気自動車（ＥＶ）はわかりやすい例だ。ＥＶに舵を切ったことは、新しい道を切り開く国家戦略と言えた。２０２３年、比亜迪（ＢＹＤ）などいくつかのＥＶメーカーが世界の新車販売台数ランキングの上位に入り、従来の内燃機関車優位の業界の勢力図を塗り替える一大勢力となりつつある。

因みに、ＢＹＤのDOLPHINは、欧州31カ国の自動車ジャーナリストと専門家によるBest Buy Car of Europe 2024に選出された。自動運転技術、ネットワークと繋いでカーライフを楽しめるコンテンツなどがポイントで、新しい領域での勝負が功を奏したと言える。

デジタル産業に目を転じると、中国企業は「データ要素×」というデータ価値化戦略や巨大な市場、優れた実装能力によって新しい道を開拓しているように思われる。

デジタル敗戦の日本

日本は、相変わらずデジタル技術で欧米に依存している。国内市場では一部工業用ソフトウェアを除き、基本ソフト、SaaSやクラウド・コンピューティングなどの分野で外資系に主導権を握られている。

そうした状況を反映して、日本のデジタル関連の国際収支は2023年に5・5兆円の赤字となり、サービス収支赤字全体の6割強を占めている。ChatGPTに代表される外資系AIの利用が増えると、今後さらに貿易赤字が膨らむと予想される。

デジタル経済の発展や経済安全保障の観点からは、5Gやコンピューティング・インフラなどのデジタルインフラの整備と強靭化、AIなど先端技術の独自開発が大きな課題となっている。米国の技術一辺倒ではなく、できるだけ多くの選択肢を手元に残すしたたかさも求められる。

図表C-1　日本市場におけるデジタル産業の状況

	業界分類	日本企業	外資占有率	競争状況
インターネット関連サービス	**アプリプラットフォーム**	×	100%近い	モバイル・アプリ・ストアは、すべて外資が提供しており、プラットフォーム手数料を取られている（約30%）
	ECプラットフォーム	△	30%〜	楽天やYahooがいるが、外資Amazonの存在感も強い
ソフトウェア開発	ERP	△	20%〜	日系では大塚商会や富士通が国内市場をリードするが、外資（SAP、ORACLE等）の存在感も強い
	工業用ソフトウェア	○	−	日系企業は工作機械の数値制御（CNC）等の製品分野で世界シェアを獲得
情報技術サービス	**パソコンOS**	×	100%近い	Windows や Chrome OS等
	スマートフォンOS	×	100%近い	iOS、アンドロイド等
	クラウド・コンピューティング	×	80%〜	AWS、Azure、Google Cloud Platform等が日本市場に参入し、日系の競争力が委縮

（出所）経済産業省「特定サービス産業動態統計調査」、新経済連盟（2021）、ノークリサーチ

日中デジタル産業連携の可能性

日中のデジタル産業を比較すると、要素技術を含むデジタル部品・設備などのスマート製造分野では、日本が優位に立っている。他方、中国では国内の巨大な消費者市場を背景にデジタル技術の社会実装が進み、アリババやテンセントのようなメガ・プラットフォーマーを輩出し、ＡＩやクラウド・コンピューティングなどデジタル技術を応用した分野が急成長している。

両国のデジタル産業が異なる分野で強みを持っていることから、お互いの強みを発揮して、物流業、建設業、観光業などの分野を中心に、これまで多くの連携事例が生まれた。ところが近年、経済安全やデータ安全への関心の高まり、サプライチェーンの分断など、日中両国間のデジタル産業連携おいて、多くの課題に直面している。特に、一部ハイテク分野においては、両国の企業とも慎重な姿勢だ。

データセキュリティに関する政策・制度の違いなど、いくつかの不確定要素が日中連携の制約要因となっている。周辺における地政学的リスクの高まりも大きく影響している。

こうした環境下で連携を進める場合、米中間でバランスを取っているシンガポールのやり方が参考となる。ポイントは以下の３つだ。

①第三者機関または国際標準に基づく認証の取得

連携を図ろうとする企業は、情報セキュリティの順守などで、国際的に通用する第三者機関の専門的な認証や、国際標準への適合資格などを取得し、自社の安全性・信頼性を証明する。

②政府機関による企業認証の仕組みの構築

政府は進出企業を対象に、デジタル産業参入に向けた優遇制度を導入する。技術面・財務面・ビジネス・オペレーション面で総合評価を行い、信頼できる企業であることを認定する。認定された企業は、公共機関も含めて、サービスの提供は許可する。

③円滑なプロジェクト遂行に向けた企業側の施策

進出企業は進出先国の現地のSI事業者と共同でサービスを提供し、データを現地企業のシステムで保存・管理する形で、信頼の醸成を図る。

撤退する企業、関与を強める企業

2024年2月1日に発表された「2024年中国ビジネス環境調査」によると、在中国米国企業は米中2国間関係などについて、1年前よりも楽観的な見方をしている。

中国への投資意欲が急激に低下した2022年と比べ、2023年は状況が若干改善している。調査対象の米企業の50%が中国を世界的に最も好ましい投資先またはトップ3にランク付けし、前年から5ポイント上昇した。対象企業の大半は中国での事業を維持する意向で、77％が製造または調達業務を中国から移転する計画はないと回答している。

サプライチェーン再編などで中国市場から撤退する西側企業がある中、中国市場へよりコミットしようという企業もある。テスラやスターバックスがその代表格だ。

スターバックスは現在、中国250都市で約6500店舗を直営展開する。2019年末時点では4123店舗で、2025年に300都市で9000店舗を展開し、2022年比で売上倍増、営業利益4倍という従来の目標を維持するという。

中国のスマート製造能力に支えられ、テスラの上海スーパー工場は好調で、テスラの世界における生産能力の半分を占め、40秒に1台、電気自動車を生産している。2019年1月に着工して同年12月に異例の速さで稼働開始にこぎ着けた工場だ。

コロナ禍による海運の混乱が生じる中、他国にあるテスラの工場は部品が入手できず減産を余儀なくされた中、テスラ上海工場は部品の現地調達率が高いことから大きな影響を受けずに済んだ。テスラのアジア地域トップを務めていた朱暁彤（Tom Zhu）は上海工場での功績が評価され、米国の製造と販売のトップも兼務するようになった。上海工場がテスラの発展に大きく貢献した証しだ。

筆者がファーウェイ本社を訪問したときに聞いた話だが、自社開発の半導体を搭載したスマートフォンの発売後、米半導体大手から「これからも我々の半導体製品を買うのか」との電話が入り、同社は「米政府の許しがあれば、我々は買い続ける」と回答したという。

サムスンは、2024年1月、中国市場で発売するスマートフォンの新機種に、百度インテリジェント・クラウドが提供する千帆プラットフォーム経由で百度のAIサービスを取り入れている。

「軽舟已に過ぐ 万重の山」

ファーウェイが自社開発の先端半導体を搭載したスマートフォンのMate60 Proを発表したのは、中国が建国74周年を迎えた2023年のことだった。先端半導体などの輸出禁止措置を部分的に突破したことを世の中に印象付けた。偶然のことだが、旧ソビエト連邦が崩壊したのは、建国74周年目に当たる1991年だった。

中国が米国に追いつくにはまだ時間を要する。だが、製造業の全産業を有する唯一の国であり、巨大な市場を抱える国でもある。技術と人材が豊富で、開発能力もある。米国の対中規制は中国の独自開発の強化を促し、独自技術を生み出す結果になっている。米中デカップリングが製品や技術・人材の交流を阻み、デジタルサービスの選択肢を狭めることで、各国企業の利益を損なっているのは間違いない。

李白の詩「早発白帝城（朝早く白帝城に別れを告げる）」では、「軽い小舟で間を通り過ぎていた幾重もの山々」という意味の一節があった。白帝城が位置する四川省の三峡地域は山が多い難所で、旅人にとって陸路も水路のいずれも危険と困難に満ちている。李白の詩は、そこを無事乗り越えられたときの喜びを込めている。

チャイナ・イノベーションも、軽舟はすでに険しい山々を越えたと言うのは早計かもしれない。ただ、いずれ険しい山々を越えて進んでいくのは間違いない。

著者略歴

李智慧 Li Zhihui

野村総合研究所エキスパート。中国福建省出身。中国華東師範大学卒業、商社勤務の後、神戸大学大学院経済学研究科国際経済専攻博士前期課程修了。大手通信会社を経て2002年に野村総合研究所に入社。専門はデジタルエコノミー、メガテックのビジネスモデルと戦略、フィンテック、ブロックチェーンやAIなどの先端企業の事例研究など。著書に『チャイナ・イノベーション2 中国のデジタル強国戦略』、『チャイナ・イノベーション データを制する者は世界を制する』(ともに日経BP)。

チャイナ・イノベーションは死なない

2024年4月22日　第1版第1刷発行

著者	李智慧
発行者	中川ヒロミ
発行	株式会社日経BP
発売	株式会社日経BPマーケティング 〒105-8308　東京都港区虎ノ門4-3-12 https://bookplus.nikkei.com/
装丁	新井大輔
製作	マーリンクレイン
印刷・製本	中央精版印刷

Printed in Japan　ISBN978-4-296-00181-1

本書に関するお問い合わせ、ご質問は下記にて承ります。
https://nkbp.jp/booksQA